改正社会福祉法で

社会福祉法人の
法務 財務 はこう変わる！

鳥飼総合法律事務所
OAG監査法人・税理士法人　編著

清文社

監修にあたって

何が起こってもおかしくない時代が到来しています。

平成28年3月31日、改正社会福祉法が成立し、社会福祉法人もまた、何が起こってもおかしくない時代に入りました。平成27年は、「ガバナンス改革元年」といわれた年でした。しかし、ガバナンス改革は大企業だけのことではありません。医療法人や社会福祉法人にとっても、法改正によるガバナンス改革の大波が押し寄せています。このため、医療法人や社会福祉法人において、社会的責任が問われるレピュテーションのリスク、役員を破滅に追い込む法的責任のリスクなど、多様なリスクが、想定外の問題として噴出してくる可能性が高くなります。しかも、医療法人や社会福祉法人は、社会的影響力が大きいことから、上場企業並みのガバナンス強化を求められるでしょう。

ところが、従来の医療法人や社会福祉法人は、適正なガバナンスからほど遠いところがありました。ガバナンス改革に本気で取り組まなければ、レピュテーションリスクおよび法的責任リスクが襲ってきて、悲劇になることは確実です。この悲劇を避ける方法はあります。リスクには、予測可能なものが多く、あらかじめ万一の場合を想定しておけば、適切に対応することが可能だからです。つまり、専門家を入れて、事前にリスクを想定した周到なガバナンス改革をしっかりやれば、リスクを低減し、あるいは消滅させることができるのです。

本書は、改正社会福祉法の内容やその影響を、いち早く、かつ、わかりやすく解説しています。社会福祉法人の関係者の方はもちろん、関連士業

の方々にも、ぜひ一読していただきたい一冊です。

　なお、本書の発行に際し、清文社の東海林良氏、大久保彩音氏、杉山七恵氏に多大なるご尽力をいただいたことに対し、感謝の意を表します。

　本書が社会福祉法人に関わる皆さまのお役に立つことを強く祈念しております。

　2016 年 5 月

鳥飼総合法律事務所　代表弁護士　鳥飼重和

監修にあたって

　今回の社会福祉法人制度の改正は、社会福祉法人の存立意義そのものに影響する大改正であると考えます。これは、戦後、国の期待と指導の下に日本の社会福祉を支えてきた社会福祉法人に、待ったなしの大きな変革を求めるものです。我が国の少子高齢化という人口構造の変化、家族や地域社会の変容に伴い、福祉ニーズの多様化・複雑化が他国に類を見ないスピードで進む中、今後も社会福祉の重要な担い手として、社会福祉法人へのさらなる期待を表明したものとも言えるのではないでしょうか。

　ゆえに、今までの運営（経営）を見直し、情報開示の推進、内部留保の位置付けの明確化と福祉サービスへの投下、社会貢献活動の義務化、行政による指導監督の強化など、公益性・非営利性を徹底し社会福祉法人制度の本旨に立ち返った変革が求められています。そこには、旧来の制度とは一見正反対の発想をしなければならないものも多くあり、現場での戸惑いも想像できます。

　職業会計人及び法律専門家には、今回の社会福祉法人制度の改正をわかりやすく伝える役割があると考え、この度ＯＡＧグループと鳥飼総合法律事務所の社会福祉法人研究の専門家が、改正社会福祉法の内容とそれが社会福祉法人やその役員らに与える法務面・財務面の影響を本書に著しました。

　皆さまご承知のように、介護・保育の分野についてはイコールフッティングの確立が論じられており、社会福祉法人に対してはその財政面の優遇を見直すべきという意見もあります。このように社会福祉法人を取り巻く

状況が大変厳しいものとなっている中、この著作が社会福祉法人経営の一助になれば、執筆者一同大きな喜びであります。

2016 年 5 月

OAG 税理士法人 代表社員　太田 孝昭

は　じ　め　に

　いま、社会福祉事業を取り巻く環境は大きく変化しています。

　本格的な少子高齢・人口減少社会が到来しており、2055 年には 75 歳以上の人口が、全人口の 25％超に達することが見込まれています。このような人口動態のもと、最近では単身高齢者の見守りや仕事と子育ての両立支援などが大きな社会問題となっています。

　これらに対する福祉サービスの重要な担い手の一つが、社会福祉法人です。しかしながら、社会福祉法人に対しては、近時厳しい指摘が相次いでいます。具体的には、地域ニーズに十分対応できていないこと、財務諸表等の開示の不十分さやガバナンスの欠如、内部留保の蓄積等が指摘され、その存在意義が問い直されています。

　このように社会福祉法人制度について様々な課題が挙げられる中、国は制度の改革へと踏み出しました。改正社会福祉法のもと、社会福祉法人は、役員の権限・責務・責任の明確化によるガバナンスの強化が図られ、公益性を担保する財務規律が求められます。また、社会福祉法人の本旨に基づき、地域公益活動が責務として位置付けられ、他の事業主体では対応できない福祉ニーズを充足することが求められます。

　本書は、弁護士と公認会計士・税理士により、改正社会福祉法の内容と、それが社会福祉法人やその役員らに与える法務面・財務面の影響をいち早く、かつ、わかりやすく解説しています。

　「第 1 章　社会福祉法改正の影響」では、社会福祉法改正の背景、強化

された規制の内容を概観しています。その上で、法務と財務会計の両面から、社会福祉法人に対してどのような影響が生じるのかという点を解説しました。

「第2章 法務はこう変わる」では、今回の法改正の内容やその影響について、第1章より掘り下げて説明をしています。

「第1節 改正社会福祉法の内容」においては、改正法の内容について5つの切り口から解説しています。このうち、社会福祉法人の法務に最も影響を与えると考えられるのは、改正法が経営組織のガバナンスの強化を図っている点です。

そこで、本書では、「第2節 詳論—経営組織のガバナンスの強化」において、改正法の下、評議員や役員等がそれぞれどのような役割を担い、どのような責任を負うようになったのか、さらに詳しく記述することとしました。また、本節では、改正法の下における評議員会や理事会の運営ルールについても触れています。

「第3章 財務はこう変わる」では、平成23年7月に制定された社会福祉法人会計基準と今次の社会福祉法改正の両方について解説をしています。

まず、社会福祉法人会計基準は、それまで事業ごとに様々な会計ルールが適用されていたものを一元化し、法人の経営実態を正確に反映した分かりやすい財務諸表を作成することを目的として作成されたもので、この基準が財務情報の開示や後述する会計監査人監査の基礎となります。「第3節❸ 会計の論点」では、適用を誤りやすいと思われる基準を中心に記述しています。

次に、今次の社会福祉法改正により、一定規模以上の法人に会計監査人の設置が義務付けられます。「第3節❶ 会計監査人監査に対応する内部

統制」では、会計監査人がどのような視点で財務報告の信頼性を検討するか、また、会計監査人監査が前提とする内部統制とはどのような概念かについて、解説しています。ここで大事なことは、会計監査人監査の対象となる法人だけではなく、すべての法人において内部統制の整備と運用は重要な課題であるということです。

　本書は、社会福祉法人経営に携わる方々に、改正社会福祉法の目指すところを知っていただくことを目的として編纂しました。本書をご活用いただき、よりよい組織運営に役立つことができれば幸いです。

2016 年 5 月

執筆者一同

CONTENTS

第1章　社会福祉法改正の影響

第1節　はじめに

1　改正社会福祉法の成立 ………………………………………………… 3

2　社会福祉法改正の背景 ………………………………………………… 4

  (1)　社会福祉法人制度開始の経緯 ……………………………………… 4

  (2)　社会の変化による福祉ニーズの多様化・複雑化 ………………… 5

  (3)　イコールフッティングの議論 ……………………………………… 7

  (4)　公益法人制度改革 …………………………………………………… 8

  (5)　特別養護老人ホームの内部留保 …………………………………… 9

  (6)　規制改革会議における財務諸表の公表についての議論 ………… 10

  (7)　一部の法人の不適正運営 …………………………………………… 11

  (8)　平成26年の規制改革実施計画 ……………………………………… 11

  (9)　その後の検討状況と改正法案の提出 ……………………………… 11

  (10)　まとめ ………………………………………………………………… 12

    ❗【コラム①】今回の法改正と憲法第89条 ………………………… 13

第2節　社会福祉法人の規制の強化

1　公益性・非営利性の徹底 ……………………………………………… 14

  (1)　平成27年2月報告書の考え方 ……………………………………… 14

  (2)　法改正との関係 ……………………………………………………… 14

2　国民に対する説明責任 ………………………………………………… 17

  (1)　平成27年2月報告書の考え方 ……………………………………… 17

  (2)　法改正との関係 ……………………………………………………… 18

3　地域社会への貢献 ……………………………………………………… 18

  (1)　平成27年2月報告書の考え方 ……………………………………… 18

  (2)　法改正との関係 ……………………………………………………… 19

    ❗【コラム②】公益法人制度改革の経緯と概要 …………………… 19

第3節　法務の変化がもたらすこと

1　評議員・評議員会関係 ………………………………………………… 21

⑴ 重要な改正点	………………………………………………	21
⑵ 法人や役員への影響		22
2 理事・理事会・監事関係	………………………………………	23
⑴ 重要な改正点		23
⑵ 法人や役員への影響		23
3 会計監査人・計算書類等	…………………………………	24
⑴ 重要な改正点		24
⑵ 法人や役員への影響		24
4 無料または低額な料金での福祉サービスの提供・社会福祉充実計画…		25
⑴ 重要な改正点		25
⑵ 法人や役員への影響		25
5 行政庁の監督	………………………………………………	26
⑴ 重要な改正点		26
⑵ 法人や役員への影響		26
❗【コラム③】不適正運営の事例と行政庁の監督・刑事罰………		27

第4節　財務の変化がもたらすこと

1 社会福祉法人としての情報開示	…………………………	28
2 行政・施設利用者・介護職員からの選別	………………	29

第2章　法務はこう変わる

第1節　改正社会福祉法の内容

1 経営組織のガバナンスの強化	……………………………	33
⑴ なぜ経営組織のガバナンスの強化が必要か		33
⑵ 改正の2つの視点	…………………………………………	34
2 事業運営の透明性の向上	……………………………………	38
⑴ 定款の内容の開示	…………………………………………	39
⑵ 会計帳簿	………………………………………………………	40
⑶ 計算書類	………………………………………………………	41
⑷ 旧法下との比較	……………………………………………	43
3 財務規律の強化	………………………………………………	43
⑴ 適正かつ公正な支出管理	…………………………………	44
❗【コラム④】　社会福祉法人とお金	…………………………	47

(2)　余裕財産の明確化 ……………………………………………… 48
　　(3)　福祉サービスへの再投下 ……………………………………… 49
　4　地域における公益的な取組みを実施する責務 ……………………… 51
　　(1)　社会福祉法人の新たな責務 …………………………………… 51
　　(2)　改正法第24条第2項のメッセージ ………………………… 52
　　(3)　社会福祉法人の今後の取組み ………………………………… 52
　　　　【コラム⑤】　社会福祉法人と反社会的勢力 …………………… 53
　5　行政による監督 ………………………………………………………… 53
　　(1)　指導監督の見直し ……………………………………………… 53
　　(2)　認可等の権限移譲について …………………………………… 56
　6　その他 …………………………………………………………………… 57
　　(1)　清算・合併 ……………………………………………………… 57
　　(2)　福祉人材の確保の推進
　　　　―社会福祉施設職員退職手当救済制度の見直し ……………… 58

第2節　詳論―経営組織のガバナンスの強化

　1　各機関の役割 …………………………………………………………… 60
　　(1)　評議員・評議員会 ……………………………………………… 60
　　　　【コラム⑥】　善管注意義務の具体的な内容 …………………… 64
　　(2)　理事・理事長・理事会 ………………………………………… 68
　　　　【コラム⑦】　理事会決議の議事録記載方法 …………………… 77
　　(3)　監事 ……………………………………………………………… 78
　　　　【コラム⑧】　監査役と監事 ……………………………………… 83
　　(4)　会計監査人 ……………………………………………………… 83
　　　　【コラム⑨】　公認会計士または監査法人による会計監査人監査 ……… 85
　2　役員等の責任 …………………………………………………………… 88
　　(1)　役員等の責任 …………………………………………………… 88
　　(2)　各人の損害賠償責任を軽減する方法 ………………………… 90
　3　各種訴え ………………………………………………………………… 92
　　(1)　社会福祉法人の組織に関する訴え …………………………… 92
　　(2)　社会福祉法人の役員等の解任の訴え ………………………… 95
　4　小規模法人の経過措置 ………………………………………………… 95
　　(1)　評議員の定数 …………………………………………………… 95

| (2) | 会計監査人の設置 | 96 |
| (3) | コンプライアンス（法令遵守等）の体制の整備 | 97 |

第3章　財務はこう変わる

第1節　社会福祉法と社会福祉法人会計基準

1　一体としての改正の目的 ……………………………………………… 101
(1)　会計処理の統一による簡素化・経営実態の明確化 ……………… 101
　　⚡【コラム⑩】　イコールフッティングの考え方 ………………… 102
(2)　改正社会福祉法の財務面での背景 ………………………………… 103
(3)　情報公開 ……………………………………………………………… 105
　　⚡【コラム⑪】　継続事業の前提に関する注記の考え方 ………… 106
　　⚡【コラム⑫】　民間企業のノウハウで社会福祉法人を再生 …… 107
2　新会計基準の概要と改正社会福祉法とのつながり ………………… 108
(1)　新会計基準の概要 …………………………………………………… 108
(2)　会計および監査に係る社会福祉法改正のポイント …………… 110
(3)　社会福祉法改正（会計および監査に係る）の内容 …………… 111
　　⚡【コラム⑬】　帳簿書類の管理、具体的には？ ………………… 113
　　⚡【コラム⑭】　社会福祉法人の不正と対応する内部統制の例 … 121

第2節　内部統制の概要と新しい制度としての会計監査人監査

1　内部統制の必要性 …………………………………………………… 123
2　内部統制の構成要素 ………………………………………………… 124
(1)　統制環境 ……………………………………………………………… 124
(2)　リスクの評価 ………………………………………………………… 125
(3)　統制活動 ……………………………………………………………… 125
(4)　情報と伝達 …………………………………………………………… 125
(5)　モニタリング ………………………………………………………… 126
(6)　IT（情報技術）への対応 ………………………………………… 126
3　会計監査人の設置 …………………………………………………… 127
(1)　背景 …………………………………………………………………… 127
(2)　会計監査人 …………………………………………………………… 129
(3)　会計監査人の選任および任期ならびに解任 …………………… 130

第3節　詳論

1　会計監査人監査に対応する内部統制……………………………………… 132
　⑴　内部統制が有効に構築されていない場合とリスク …………………… 132
　⑵　財務報告に係る内部統制の構築について …………………………… 135
　⑶　内部統制の限界について ……………………………………………… 137
　⑷　内部統制の構築に関する責任 ………………………………………… 137
　⑸　会計監査人による監査に対する準備 ………………………………… 137
　　　❗【コラム⑮】　監査意見…………………………………………… 146
　　　★〈付録〉監査事前チェックリスト………………………………… 148
2　社会福祉充実残額（内部留保）の算定と
　社会福祉充実計画（再投下計画）………………………………………… 157
　⑴　社会福祉充実残額（内部留保）の算定 ……………………………… 157
　⑵　社会福祉充実計画（再投下計画）の作成・承認 …………………… 160
　⑶　社会福祉充実計画の変更 ……………………………………………… 164
　⑷　社会福祉充実計画の終了 ……………………………………………… 165
　　　❗【コラム⑯】　社会福祉充実計画の副次的な効果 ………………… 166
3　会計の論点………………………………………………………………… 168
　⑴　金融商品会計のポイント ……………………………………………… 168
　⑵　固定資産・減損会計のポイント ……………………………………… 171
　⑶　リース会計のポイント ………………………………………………… 174
　⑷　引当金のポイント ……………………………………………………… 177
　⑸　注記・財産目録のポイント …………………………………………… 180
4　税務の論点………………………………………………………………… 183
　⑴　源泉所得税のポイント ………………………………………………… 183
　⑵　給与に該当する福利厚生費 …………………………………………… 184
　⑶　法人税のポイント ……………………………………………………… 186
　⑷　消費税のポイント ……………………………………………………… 189

索引 …………………………………………………………………………… 193

凡　例

　本書では、法令等について次の略称を使用しています。

【正式名】	【略称】
社会福祉法	改正法
社会福祉施設職員等退職手当共済法	共済法
一般社団法人及び一般財団法人に関する法律	法人法
社会福祉法人会計基準	会計基準
社会福祉法人会計基準省令	会計基準省令
社会福祉法人会計基準注解	会計基準注解
社会福祉法人会計基準の運用上の取り扱い	運用上の取り扱い
社会福祉法人会計基準運用上の留意事項	運用上の留意事項

　文中（　）内

　表示例：改正社会福祉法第 45 条第 1 項第三号　⇒　改正法 45 ①三

＊本書の内容は、平成 28 年 5 月 23 日現在の法令等によっています。
＊改正法に関する内容および条文番号は、平成 29 年 4 月 1 日施行のもの（社会福祉法等
　の一部を改正する法律第 2 条関係）に統一しています。
＊政省令については、今後動きがあり次第、「鳥飼総合法律事務所」のウェブサイトにて
　追加情報を掲載する予定です。

第 1 章

社会福祉法改正の影響

第1節
はじめに

1 改正社会福祉法の成立

　平成28年3月31日、社会福祉法の一部を改正する法律が成立し、経営組織のガバナンスの強化、事業運営の透明性の向上や財務規律の強化など、社会福祉法人をとりまく様々なルールが変更されることになりました。

　ガバナンスとは、多義的な言葉ですが、ここでは、経営者に対する監視ないし規律付けをいうものと思っておけばよいでしょう。

　例えば、法改正後の社会福祉法人では、機関として評議員会、理事会、監事などが存在します。

　理事会は、重要事項の決議などを通して理事（理事長などの経営者）の業務執行の規律付けや監視・監督を行い、必要に応じて理事長の選定や解職などの権限を行使します。

　監事は、理事や職員に対して事業の報告を求めたり、財産の状況の調査をしたりして、理事長などの職務の執行状況や計算書類などの書類を監査し、監査報告を提出します。

　評議員会は、これらの理事（理事長を含みます）や監事の業務執行を監視し、必要に応じて選任・解任などの権限を行使します。

　このように、各機関が経営者の職務執行を監視・監督することで、経営者の職務が適正に行われることを担保するのが、ガバナンスの仕組みです。

　この章では、社会福祉法改正の経緯、強化された規制の内容、各法人や役員の実務への影響について概観します。

第1節　はじめに　3

2 社会福祉法改正の背景

今回の法改正には、以下のような背景があります。

▌(1) 社会福祉法人制度開始の経緯

1 措置制度の開始

日本では、戦前から、公益法人や篤志家等による慈善事業が存在していました。戦後、海外からの引揚者、身体障害者、戦災孤児、失業者などの生活困難者の激増といった問題への対応が急務となりましたが、戦後の荒廃の中、行政の資源は不十分であり、民間資源の活用が必要となりました。

このため、社会福祉事業を担う責務と本来的な経営主体を行政としつつも、事業の実施を民間に委ね、かつ、事業の公益性を担保する方策として、行政機関がサービスの対象者と内容を決定し、それに従い事業を実施する仕組み(措置制度)が設けられました。

そして、措置を受託する法人に行政からの特別な規制と助成を可能とするため、特別な法人格が活用されることとなりました。

2 社会福祉法人の制度化

このような中、社会福祉法人は、民間の社会福祉事業の自主性の尊重と経営基盤の安定等の要請から制度化されました。

ここで、社会福祉法人は、社会福祉事業を行うことを目的とし(公益性)、法人設立時の寄附者の持分は認められず、残余財産は社会福祉法人その他社会福祉事業を行う者または国庫に帰属し(非営利性)、所轄庁による設立認可により設立されるという、旧民法第34条に基づく公益法人としての性質を有することとされました。

なお、「公の支配に属しない慈善、教育若しくは博愛の事業」への公的助成は、憲法第89条により制限されていますが(後述コラム①参照)、社

会福祉法人は、同条にいう「公の支配」に属する法人として、行政からの補助金や税制優遇を受ける一方、社会的信用の確保のため、基本的に「社会福祉事業のみ」を経営すべきという原則論の下、所轄庁の指導監督を受けてきました。

　昭和26年の制度開始以降、社会福祉法人は、旧社会福祉事業法に基づく規制や監督を受けつつ、主として国からの措置事業を担う公共的な性格を有する法人として機能してきました。

■ (2)　社会の変化による福祉ニーズの多様化・複雑化

❶　社会福祉制度の専門分化

　昭和30年代から昭和40年代になると、高度経済成長を背景に社会福祉制度の充実も進み、生活保護法、児童福祉法、身体障害者福祉法に加えて、知的障害者福祉法、老人福祉法、母子および寡婦福祉法などが整備され、社会福祉制度の専門分化が進みました。

　さらに、昭和50年代から昭和60年代になると、人口構造の高齢化、核家族化、女性の社会進出や地域社会の変容に伴い、多様化する福祉ニーズへの対応が重要な政策課題となりました。このため、「高齢者保健福祉推進十か年戦略（ゴールドプラン）」（平成元年）、「今後の子育て支援のための施策の基本的方向について（エンゼルプラン）」（平成6年）、「障害者プラン～ノーマライゼーション七か年戦略～」（平成7年）等による福祉サービスの基盤整備が進められました。

　こうした基盤整備の進展に伴い、サービスの提供主体である社会福祉法人の数も急増していきました。

　同時に、福祉サービスの受け手である利用者は、かつてのような生活困難者ばかりではなくなり、福祉サービスはより普遍的な国民一般向けの福祉サービスへと変化していく兆しが現れていきました。

第1節　はじめに　　5

❷ 社会福祉基礎構造改革

平成 12 年の介護保険法の施行、同年の社会福祉事業法の改正による社会福祉法の成立により、サービスの利用の仕組みを措置から契約に転換するとともに、株式会社などの供給主体が参入するようになりました（社会福祉基礎構造改革）。

高齢者介護の分野における措置制度から契約制度への変更、サービスの普遍化という劇的な変化は、利用者のニーズに応じたサービスの提供、事業展開、自主的なサービスの質の向上、経営の効率化・安定化といった、措置制度の下で行われていたような施設管理にはない、法人経営という視点を社会福祉法人により強く求めることとなりました。

この結果、社会福祉基礎構造改革では、自主的な経営基盤の強化、福祉サービスの質の向上、事業経営の透明性の確保を内容とする社会福祉法人の経営の原則が法定されました。また、これに伴って、社会福祉法人が行う収益事業で得た利益の充当先の拡大や、第三者評価の受審の努力義務化、福祉サービスの利用を希望する者その他の利害関係人に対する財務諸表の閲覧の義務付け等の改革が行われました。

❸ 社会福祉法人の位置付け

上記のような社会の変化に伴い、社会福祉法人は、社会福祉事業の中心的な担い手であるというだけではなく、地域における多様な福祉ニーズにきめ細かく対応し、既存の制度では対応できない人々を支援していくものとして位置付けられることとなりました。

さらに、人口減少社会の到来、独居高齢者の増加、子どもに対する虐待の深刻化などを背景に、福祉ニーズは多様化・複雑化しており、高い公益性と非営利性を備えた社会福祉法人の役割がますます重要になってきました。

(3) イコールフッティングの議論

◼ イコールフッティングとは

　介護や福祉への株式会社などの供給主体の参入は、いわゆるイコールフッティングの議論を生じさせた背景となっています。

　ここで、「イコールフッティング」とは、「事業者間における事業を実施するための条件を公平なものとすること」という意味で使われる言葉です。

　社会福祉法人と他の経営主体とのイコールフッティングという場合、大まかにいえば、介護や保育といった事業には補助金や税制上の優遇措置を受けない株式会社などの経営主体も参画しているのであるから、社会福祉法人が株式会社などと同様の事業を行うのであれば、補助金や税制上の優遇措置、参入規制は不要ないし不適切ではないか、という考え方をイメージすればよいでしょう。

◼ イコールフッティングに関する検討状況

　平成25年12月の内閣府の規制改革会議における論点整理では、介護などの社会福祉に関する分野について、「さまざまな事業者が利用者の立場に立ってサービスの質や多様性を競い、豊富な福祉サービスが提供されるよう、経営主体間のイコールフッティングを確立すべきである」とされ、具体的には以下の論点が指摘されました。

◆介護・保育分野は、営利法人と非営利法人が共存し、同種のサービスを提供する特殊な市場である。多様な経営主体がサービスの質を競い、利用者の利便が高まるよう、経営主体間のイコールフッティングを確立すべきではないか。

◆第一種社会福祉事業の経営主体は、原則、行政又は社会福祉法人と定められている。そのうち、特別養護老人ホームなどの施設は、個別法によっても経営主体が社会福祉法人等に限定されている。厚生労働省

第1節　はじめに　　7

は、多様な経営主体が参入して利用者の利便を高めることができるよう参入規制を緩和すべきではないか。

◆社会福祉法人に対しては、補助金や非課税措置などの財政上の優遇措置がとられている。株式会社やNPO法人が参入して同種の事業を展開するようになったという変化を踏まえ、経営主体間で異なる財政上の措置を見直すべきではないか。

平成26年6月の内閣府の税制調査会の取りまとめにおいては、「特定の事業者が行う場合に非課税とされている事業で、民間と競合しているもの」として「社会福祉法人が実施する介護事業」が例示され、その取扱いについて見直しが必要とされました。

また、平成26年6月24日に閣議決定された規制改革実施計画においては、健康・医療分野における重点的に取り組む課題の一つとして、「介護・保育事業等における経営管理の強化とイコールフッティング確立」が挙げられ、福祉施設における指定管理者制度の運用に当たっては、業務委託や指定管理者制度などの公募要件に理由もなく株式会社を除外しないよう、厚生労働省から地方公共団体に対して通知すべきものとされました。

その後、平成28年度税制改正大綱では、「公益法人等課税については、非収益事業について民間競合が生じているのではないかとの指摘がある一方で、関連制度の見直しの動きもみられており、実効的な対応となるかどうか、動向をよく注視する」旨が記載されました。

(4) 公益法人制度改革

平成18年には、公益法人制度改革が行われました。

この改革は、旧民法第34条に基づく公益法人は公益性の判断基準が不明確であり、営利法人類似の法人や共益的な法人が主務大臣の許可によって多数設立され、税制上の優遇措置や行政の委託、補助金、天下りの受皿

等について様々な批判、指摘を受けるに至ったことを踏まえて行われたものです（後述コラム②参照）。

公益法人制度改革により、旧民法第34条に基づく公益法人は、通常の一般社団・財団法人（以下、「通常の一般法人」といいます）と、公益性の認定を受ける公益社団・財団法人（以下、「公益法人」といいます）に区分されました。また、公益法人については法人の目的・事業内容・組織・財務・財産等に関する基準を満たし、公益認定を受けなければならないこととされ、公益性の高い法人類型として位置付けられました。

公益法人制度改革の結果、通常の一般法人・公益法人ともに、その組織等について法律で明確に規定されるようになったほか、特に公益法人について、透明性の確保についても高いレベルの情報公開が義務付けられることとなりました。

例えば、通常の一般財団法人・公益財団法人について、役員の選解任や報酬等の決定、計算書類の承認などの権限が評議員会に与えられました。

また、公益法人では、関係者などへの特別の利益の供与が禁止される、親族などからの役員就任が制限される、計算書類や財産目録などの公開義務が課されるなどの規制が設けられました。

(5) 特別養護老人ホームの内部留保

平成23年12月の社会保障審議会介護給付費分科会において、特別養護老人ホーム1施設当たりの「その他の積立金」・「次期繰越活動収支差額」の合計額は約3.1億円と報告されました（「平成22年度末 特別養護老人ホームの貸借対照表（1施設当たり平均値）」）。

また、平成24年7月の財務省「平成24年度予算執行調査の調査結果の概要」において、以下のような指摘がありました。

◆特別養護老人ホームについては、収支状況が改善するとともに、内部

留保も積み上がっている状況（厚労省調査：1施設あたり平均3億円の内部留保）。

◆内部留保が多額の施設ほど、利用者負担軽減事業の実施率が低い。

◆内部留保額上位の施設には…（中略）…会計処理が不適切であると見られる施設も散見された。

　このような中、平成26年4月の規制改革会議において、「一部の社会福祉法人の巨額の内部留保が問題となっている。厚生労働省は、内部留保の位置付けを明確化し、福祉サービスへの再投資や社会貢献での活用を促すべきである。」と述べられています。

　一方で、内部留保に関しては、衆議院厚生労働委員会において、特別養護老人ホームの内部留保に関する資料や数字がひとり歩きしていることや、事業に必要な土地建物などの資産や必要経費について考慮する必要があることも指摘されており、統一された基準に基づく財務諸表を社会福祉法人に作らせることで、はじめて余剰の資金が把握できる旨の意見が述べられています（平成27年1月26日白須賀委員発言）。

(6)　規制改革会議における財務諸表の公表についての議論

　規制改革会議では、社会福祉法人が税制優遇を受けていながら財務諸表の公表がなされていないことが指摘されており、平成25年6月の規制改革実施計画では、平成24年度分の財務諸表の公表指導と状況調査、平成25年度分以降の財務諸表のすべての社会福祉法人における公表が提言されました。

　その後、平成26年5月には社会福祉法人審査基準が改正され、現況報告書ならびにその添付書類である貸借対照表および収支計算書について、インターネットで公表することが定められました。

(7) 一部の法人の不適正運営

社会福祉法人については、これまで、補助金の目的外利用、勤務実態の
ない理事長親族への報酬支払や不正経理、相続税脱税のための偽装寄附に
利用されたこと、理事長の地位の売買や議事録の偽造などの不適正運営事
例が報道され、問題となってきました（後述コラム③参照）。

平成27年2月の社会保障審議会福祉部会報告書（以下、「平成27年2
月報告書」といいます）においては、一部の社会福祉法人による不適正な
運営が指摘され、社会福祉法人全体の信頼を失墜させる事態に至ってお
り、社会福祉法人が今後とも福祉サービスの中心的な担い手としてあり続
けるためには、公益性・非営利性を徹底する観点から制度のあり方を見直
し、国民に対する説明責任を果たすことが求められるとしています。

(8) 平成26年の規制改革実施計画

平成26年に閣議決定された規制改革実施計画は、社会福祉事業の変容
や、公益法人のあり方の変容を踏まえ、他の経営主体とのイコールフッティ
ング等の観点から社会福祉法人制度の改革を求めたものとされています。

また、平成26年の規制改革実施計画の内容には、経営組織の強化、情
報開示の推進、内部留保の位置付けの明確化と福祉サービスへの投下、社
会貢献活動の義務化、行政による指導監督の強化などによって社会福祉法
人が備えるべき公益性・非営利性を徹底し、社会福祉法人が本来果たすべ
き役割を果たすようにすることが盛り込まれています。

(9) その後の検討状況と改正法案の提出

その後、厚生労働省の「社会福祉法人の在り方等に関する検討会」報告
書においても社会福祉法人の在り方について意見がとりまとめられ、自由
民主党のプロジェクトチームによる提言や平成27年2月報告書を経て、

第1節　はじめに　　11

法人運営におけるガバナンスの強化、透明性の確保、内部留保の明確化と福祉サービスへの再投下、行政の役割と関与のあり方、職員処遇の改善等を内容とする法改正の案が作成され、平成27年4月、国会に提出されるに至りました。

(10) まとめ

　以上のように、社会福祉法改正には様々な経緯がありますが、簡単にまとめると、次のようになります。

(i) 社会福祉法人は、元々、高い公益性と非営利性を備えた「公の支配」に属する法人として、旧民法第34条の公益法人の特別類型として設計された。

(ii) その後、福祉ニーズが多様化・複雑化し、社会福祉法人の役割がますます重要になった。

(iii) 他方、介護や福祉の分野に株式会社などの供給主体が参入するようになり、イコールフッティングの議論が生じることになった。

(iv) さらに、一部の特別養護老人ホームにおいて過大な内部留保が積み上がっている、一部の社会福祉法人で不適切な運営が行われている、社会福祉法人は税制優遇を受けていながら財務諸表の公表がなされていない、などの問題点が指摘された。

(v) 一方で、旧民法第34条に基づく公益法人については、平成18年に制度改革が行われ、その組織等について法律で明確に規定されるようになり、一定の要件を満たしたもののみが新制度の下の「公益法人」として税制優遇を受けるとともに、高いレベルの情報公開が義務付けられた。

(vi) 社会福祉法人について、上記の問題点を解消するとともに、公益財団法人以上の公益性・透明性を担保するため、社会福祉法人のあり方

が検討され、法人運営におけるガバナンスの強化、透明性の確保、内部留保の明確化と福祉サービスへの再投下等を内容とする法改正の案が作成され、国会に提出されるに至った。

コラム 1 今回の法改正と憲法第89条

憲法第89条は、「公金その他の公の財産は、…(中略)…公の支配に属しない慈善、教育若しくは博愛の事業に対し、これを支出し、又はその利用に供してはならない。」と定めています。

一見すると、慈善事業に公金を支出するのがなぜいけないのか、疑問に思われるかもしれません。

この規制の趣旨については諸説ありますが、教育の分野における私立の団体への助成に関する裁判例で、憲法第89条後段の教育の事業に対する支出、利用の規制の趣旨について、「公の支配に属しない教育事業に公の財産が支出又は利用された場合には、教育の事業はそれを営む者の教育についての信念、主義、思想の実現であるから、教育の名の下に、公教育の趣旨、目的に合致しない教育活動に公の財産が支出されたり、利用されたりする虞れがあり、ひいては公の財産が濫費される可能性があることに基づくものである。」と判断したものがあります（東京高判平2.1.29）。この裁判例では、その事業が「公の支配」に服するといえるには、「国又は地方公共団体等の公の権力が当該教育事業の運営、存立に影響を及ぼすことにより、右事業が公の利益に沿わない場合にはこれを是正しうる途が確保され、公の財産が濫費されることを防止しうることをもって足りる」「支配の具体的な方法は、当該事業の目的、事業内容、運営形態等諸般の事情によって異なり、必ずしも、当該事業の人事、予算等に公権力が直接的に関与することを要するものではない。」との判決が下されています。

以上は教育の事業に関する判断として出されていますが、社会福祉法人の行う事業への公金の支出と憲法第89条の関係を考える上でも参考になるでしょう。

こうしてみると、今回の法改正には、社会福祉法人について、行政の関与のあり方を見直すとともに、評議員会や理事会による理事への牽制により運営形態を強化し、公の財産（補助金、税制優遇）の濫費を防ぎ、適正な事業運営を確保する意義があるとみることができます。

第1節　はじめに　13

第2節 社会福祉法人の規制の強化

　第1節記載の経緯を踏まえ、社会福祉法人制度の大幅な見直しが行われ、今回の法改正につながっています。

　今回の改正点は多数にのぼりますが、これらを理解する上では、制度見直しの基本的な視点を知っておくことが有用でしょう。

　平成27年2月報告書は、社会福祉法人制度見直しの基本的な視点として、公益性・非営利性の徹底、国民に対する説明責任、地域社会への貢献を挙げています。

1 公益性・非営利性の徹底

(1) 平成27年2月報告書の考え方

　社会福祉法人は、社会福祉を目的とする、旧民法第34条の公益法人の特別法人として制度化され、高い公益性と非営利性を担保された法人です。平成27年2月報告書においては、このような創設の経緯や法人の目的等に照らし、社会福祉法人には、公益財団法人等と同等以上の公益性・非営利性を確保する必要があるとされています。

　なお、ここで公益「財団」法人が挙げられているのは、社会福祉法人には法人の構成員である社員が存在せず、この点が公益財団法人と共通するためと考えられます。

(2) 法改正との関係

■ 「公益性」と今回の法改正

　ここで、「公益性」とはどういう意味でしょうか。

14　第1章　社会福祉法改正の影響

公益法人においては、「公益目的事業」というと、一定の事業であって、「不特定かつ多数の者の利益の増進に寄与するもの」をいうものとされています。

　例えば、法人の行う介護事業、訪問看護事業および看護学校事業が公益目的事業であるか否かの判断においては、法人がその事業を通じて、どのように社会に貢献しようとしているか、すなわち当該事業の目的および内容に公益目的事業としての特徴があるかに着眼して判断されるものとされており、内閣府のFAQには、次のような考え方が示されています。

　介護事業や訪問看護事業は、営利事業が参入している事業ではありますが、そのことをもって直ちに公益目的事業に当たらないと判断するものではありません。また、介護事業や訪問看護事業だからといって、直ちに公益目的事業と判断されるものでもありません。公益目的事業に当たるか否かは、例えば、採算割れする等の理由で通常の営利企業が提供しない介護サービスを法人が提供するなど、各法人が行う事業の特徴を勘案の上、個別に判断されることになります 。

（出所：内閣府『新たな公益法人制度への移行等に関するよくある質問（FAQ）』
　　　　問Ⅸ-⑫より抜粋）

　介護事業や訪問看護事業のような福祉に関する事業は、一見すると、それだけで公益性があるようにも思われます。

　しかし、税制優遇のある公益法人の「公益目的事業」とするには、単に福祉に関する事業というだけでは足りず、その事業の特徴が重要になってきます。

　上記の例では、採算が合わないために営利企業のサービスが行き届かないようなニーズへの対応が、公益目的事業の特徴とされています。

　以上は公益法人に関する議論であり、社会福祉法人について直接言及し

第2節　社会福祉法人の規制の強化　　15

たものではありませんが、社会福祉法人が元々公益法人の特別法人として制度化されたものであることや、前述のイコールフッティングの議論からすると、社会福祉法人の公益性を考える上でも参考になります。

社会福祉法人においては、今回の法改正により、無料または低額な料金での福祉サービスの提供や社会福祉充実計画の策定・実施について定めが置かれましたが、これらの改正は公益性確保の一環と考えることができるでしょう。

② 「非営利性」と今回の法改正

次に、「非営利性」とはどういう意味でしょうか。

株式会社において「営利目的」といった場合、主に、事業によって得られた利益を構成員（株主）に対して分配することを目的としていることをいいます。株式会社において、この利益の分配は、剰余金の配当や、解散時の残余財産の分配などの形で行われます。株式会社は営利を目的とする法人であるため、株主について剰余金の配当を受ける権利および残余財産の分配を受ける権利の全部を与えない旨の定款の定めは無効とされています。

逆に、一般に「非営利」といった場合、主に、その法人が営利目的を有しないことを意味します。例えば、一般社団法人では、営利は目的とされておらず、構成員（社員）に剰余金や残余財産の分配を受ける権利を与える旨の定款の定めは効力を有しないものとされています。

さらに、一般法人のうち、いわゆる「非営利性が徹底された法人」では、剰余金の分配を行わない旨および解散時の残余財産の分配先を国などに限定する旨を定款に定めていることや、これらの定款の定めに反する行為（剰余金の分配・残余財産の分配以外の方法により特定の個人または団体に特別の利益を与えることを含みます）を行ったことがないことなどが要件とされています。

社会福祉法人の場合、社団型の法人における社員のような構成員は存在

しませんので、その意味では「構成員」への利益の分配はないこととなります。もっとも、理事などの関係者に利益を分配することにより、社団型の法人における構成員への利益の分配と類似の状況が生じます。そのため、理事などの関係者への利益の分配の問題も、広い意味での非営利性の問題ととらえることができるでしょう。

　社会福祉法人においては、これまでも残余財産の帰属先の限定などの規制がありましたが、今回の法改正により、理事などの関係者への特別の利益の供与の禁止や不当に高額とならない報酬基準の策定義務について定められました。これらの定めは、理事などの関係者への利益の分配を制限するものであり、非営利性の確保の一環ととらえることができるでしょう（なお、これらの改正は、法人財産の流用を防ぎ、公益的な事業に財産が使われるのを確保するという意味で、公益性にも関係すると考えられます）。

❸　経営組織の強化等の改正と「公益性」・「非営利性」の関係

　経営組織の強化（第2章第1節❶(2)、同節❷参照）、運営の透明性（第2章第1節❶(3)参照）や財務規律の確立（第2章第1節❶(4)、第3章参照）に関する改正も、公益性・非営利性を担保する意味合いがあります。

　また、役員責任の新設、役員の背任などの場合の罰則の強化、行政の監督に関する改正なども公益性・非営利性を担保するものといえるでしょう。

2　国民に対する説明責任

(1)　平成 27 年 2 月報告書の考え方

　平成 27 年 2 月報告書においては、社会福祉法人の公益性・非営利性を担保する観点から、経営組織の強化、運営の透明性、財務規律の確立を図り、社会福祉法人のあるべき姿について国民に対する説明責任を果たすための制度改革が急務であるとされています。

第 2 節　社会福祉法人の規制の強化　　17

また、これに加え、今日多様な事業主体により福祉サービスが供給されるようになっていること（その結果、イコールフッティングの議論が生じていることについて、本章第1節❷(3)参照）、一部の社会福祉法人による不適正な運営のため、社会福祉法人全体に対する信頼が揺らいでいること（本章第1節❷(4)参照）から、社会福祉法人の存在意義が問われている旨も指摘されています。

(2) 法改正との関係

今回の法改正により、社会福祉法人は、定款を備え置くとともに一般の閲覧に供する義務を負うこととなりました。

また、計算書類等の公開については、これまでも利害関係人の閲覧に供することが法定されていましたが、改正法では誰でも閲覧を請求できることとなりました。

さらに、役員等名簿（住所は除外可能）、役員の報酬基準、現況報告書についても公表対象とされました。

これらに加え、特定社会福祉法人（事業の規模が政令で定める基準を超える社会福祉法人）への公認会計士監査の義務付けも、運営の透明性を確保し、国民に対する説明責任を果たす意義があると考えられます。

3 地域社会への貢献

(1) 平成27年2月報告書の考え方

平成27年2月報告書においては、他の事業主体では対応できない様々な福祉ニーズを充足することにより、地域社会に貢献することという社会福祉法人の使命を責務として明らかにしていく必要があるとされています。

⑵ 法改正との関係

　無料または低額な料金での福祉サービスの提供についての定めや社会福祉充実計画の策定・実施の義務付けは、社会福祉法人がこれまで以上に地域社会に貢献していくことを確保するための措置と考えることができるでしょう。

コラム 2　公益法人制度改革の経緯と概要

　社会福祉法改正の背景にもなった公益法人制度改革は、どのような経緯で行われたのでしょうか。

　平成12年11月、財団法人の理事長が業務上横領および背任の疑いで逮捕されたことが報道され、話題となりました。

　これと前後して、平成12年12月の行政改革大綱において、国から公益法人への事業の委託や補助金の給付などについて見直しを行うことが定められました。

　さらに、平成14年には、公益法人について関連制度を含め抜本的かつ体系的な見直しを行うこととされ、論点整理が行われました。

　その後、平成15年6月に閣議決定された「公益法人制度の抜本的改革に関する基本方針」において、「公益法人は、公益性の判断基準が不明確であり、営利法人類似の法人や共益的な法人が主務大臣の許可によって多数設立され、税制上の優遇措置や委託、補助金、天下りの受皿等について様々な批判、指摘を受けるに至っている」旨が述べられ、一般的な非営利法人制度の創設や、公益性を有する場合の優遇措置の在り方などについて基本方針が策定されました。

　これを受け、平成18年3月にいわゆる公益法人制度改革関連3法案が国会に提出され、同年5月に成立しました。

　新制度の下では、一般法人（一般社団法人および一般財団法人）が許認可を要せずに設立可能となった一方、一般財団法人の評議員会に強い権限が認められるなど、ガバナンスの体制が大幅に改められました。

　また、通常の一般法人は、事業内容や役員構成などについて詳細に定めた基準をクリアして行政庁の認定（公益認定）を受けることにより公益法人となることができるようになりました。

　一方、旧民法の下で設立された旧公益法人については、平成25年

第2節　社会福祉法人の規制の強化　　19

11月末までに、認可を受けて通常の一般法人に移行するか、認定を受けて公益法人に移行するかを選択する経過措置が設けられました。

現在、公益法人への監督状況などを、内閣府の運営するウェブサイト「公益法人 information」において見ることができます。前述のとおり、社会福祉法人は元々公益法人の特別類型として成立した経緯があり、公益法人についての動きは、社会福祉法人の今後を考えるうえで一つの参考になるものと思われます。

第 3 節
法務の変化がもたらすこと

以下では、社会福祉法人の日常運営に関する重要な改正点について、法人や役員への影響を検討します。

1　評議員・評議員会関係

(1)　重要な改正点

評議員および評議員会が、全社会福祉法人について必置となりました。

また、評議員会が定款変更、役員・会計監査人の選任・解任、評議員・理事・監事の報酬の基準の承認、計算書類の承認などの重大な事項の決定について決定権限を有することが法定されました。

法改正前の評議員会は、役員の選任を別とすれば、理事会に意見を述べる諮問機関としての性格が強いものでしたが、法改正後の評議員会は、法人の重要事項の決定を行う意思決定機関としての性格が強いものとなり、取締役会のある株式会社における株主総会や、一般財団法人（公益財団法人を含みます）における評議員会に類似した機能を持ちます。

また、一定の場合に、個々の評議員が役員または評議員の解任の訴えを提起する道が開かれました。

他方、評議員は役員またはその法人の職員を兼ねることができず、評議員のうちには、各評議員および各役員について、一定の親族その他特殊の関係がある者が含まれてはならないこととされ、親族などによる支配が困難な制度設計となっています。

また、評議員会の招集、決議、議事録の作成などの手続についての定めが置かれるとともに、これらの手続を怠ったり、法令や定款への違反があ

第3節　法務の変化がもたらすこと　　21

ったりした場合の決議の不存在・無効・取消しの訴えについての定めが置かれました。

このほか、任務を怠った評議員が法人や第三者に対して負担する損害賠償責任についても法定されました。

(2) 法人や役員への影響

まず、評議員会で決議すべき事項が大幅に新設されましたので、どのような事項について評議員会の決議が必要かを確認しておく必要があります。

また、評議員の選任や評議員会の運営について、法令や定款への違反があった場合に、評議員・役員の選任や報酬等の支給の基準の決定といった重要な事項の決議が無効となったり、取り消されたりする可能性があります。

さらに、評議員の資格について詳しく定められたほか、評議員のうちには、各役員と一定の親族などの関係にある者が含まれてはならないとされたことから、評議員の人選が役員の人選に影響することにも注意が必要です。

評議員会および評議員がこれまで以上に重要な役割を担うこととなりますので、社会福祉法人は、評議員の選任方法や人選の決定、評議員会の適正な運営について、十分に検討し、対応していく必要があります。

また、役員が評議員会の決議を必要とする行為を行った場合に、その決議にかかる評議員会の招集や運営の手続に問題があり、評議員会の決議が不存在、無効または取消しとなった場合などには、役員が責任を問われる可能性があります。さらに、理事・監事が評議員会において説明義務を負うことが定められたため、評議員会の開催に当たっては、十分な注意が必要です。

2　理事・理事会・監事関係

(1) 重要な改正点

　理事会が法律上の機関とされ、一定の重要事項について、理事会が理事に決定を委任することができない旨が法定されました。

　特に、理事の職務の執行が法令および定款に適合することを確保するための体制その他社会福祉法人の業務の適正を確保するために必要な体制の整備について決定することが、一定の事業規模以上の法人において義務付けられました。

　また、理事が、その理事と法人の利益が相反する取引（利益相反取引）を行う場合、法改正前は特別代理人の選任が必要でしたが、改正後は理事会の承認を受けて行うこととされました。

　さらに、理事会の招集、決議、議事録の作成などの手続についての定めが置かれました。これらの手続について法令や定款への違反があると、決議が無効となる可能性があります。

　このほか、役員の人選や欠格事由について詳細な定めが置かれるとともに、任務を怠った役員の法人や第三者に対する損害賠償責任についても法定され、背任などについての罰則が強化されました。

(2) 法人や役員への影響

　重要な財産の処分や利益相反取引など、理事会で決議すべき重要事項について適正な手続で決定しなかった場合に、財産処分などの行為が無効となる可能性があります。理事会で決議すべき事項の範囲について検討するとともに、適正な理事会運営や法人の管理体制などについて見直しを行い、対応していく必要があります。

第3節　法務の変化がもたらすこと

また、評議員や役員の人選・欠格事由の改正が役員構成に影響することとなります。

さらに、役員の損害賠償責任について法定されたことから、役員は法人の組織や意思決定手続、業務運営などの体制構築・運用について改めて見直すとともに、それぞれの役割を確認すべきと考えられます。これと関連して、法人と一定の要件を満たす役員との間で責任限定契約を締結するかどうかも検討に値するでしょう。

3 会計監査人・計算書類等

(1) 重要な改正点

計算書類等については、監事の監査に加え、理事会の承認を経た上で、評議員会決議による承認（会計監査人を設置する社会福祉法人においては、評議員会への報告）が必要である旨が法定されました。

また、特定社会福祉法人に会計監査人設置義務が課され、計算書類などの一定の書類について会計監査人の監査を受けなければならないこととなりました。

なお、特定社会福祉法人以外の法人であっても任意に会計監査人を設置することは可能です。

(2) 法人や役員への影響

特定社会福祉法人は、会計監査人として、適切な公認会計士または監査法人を選任しなければならないこととなります。

また、計算書類について監査意見を受けるに当たって、計算書類の作成・チェックの手続や、計算書類の前提となる会計帳簿などの作成・保管状況が適切なものであるかなど、法人の体制を改めて見直す必要があるで

24　第1章　社会福祉法改正の影響

しょう。

　計算書類の監事監査や理事会におけるチェックにおいては、内容を精査し、疑わしい点があれば適宜質問などによって確認しなければなりません。

　計算書類に疑わしい点があるにもかかわらず、実質的なチェックを行うことなく漫然と理事会で承認し、理事長の不適切な業務執行を放置してしまった場合などには、役員の損害賠償責任にかかわるリスクもあるでしょう。

無料または低額な料金での福祉サービスの提供・社会福祉充実計画

(1) 重要な改正点

　社会福祉法人は、社会福祉事業および公益事業を行うに当たっては、日常生活または社会生活上の支援を必要とする者に対して、無料または低額な料金で、福祉サービスを積極的に提供するよう努めなければならないものとされました。

　また、社会福祉法人の純資産の額が事業継続に必要な財産の額を超えるときは、社会福祉事業または公益事業の充実・実施に関する計画（社会福祉充実計画）を作成し、所轄庁による承認を受け、この計画に従って事業を行わなければならないものとされました。

(2) 法人や役員への影響

　社会福祉充実計画は、評議員会の承認を受けなければならないものとされており、この評議員会の開催に先立って理事会において審議の対象となるのが通常と考えられます。

　役員は、社会福祉充実計画の策定や承認の段階で、同計画の規模や内容について十分に検討する必要があります。また、計画の実施開始後の段階

では、同計画が適切に実施されているか、仮に適切に実施されていない場合には、どのような理由によるか、どこに問題があるのかを確認し、必要に応じて是正を促すなど、理事長などの職務の状況を監督していくべきでしょう。

5 行政庁の監督

(1) 重要な改正点

立入検査の規定がこれまでより詳細になりました。また、社会福祉法人が法令、行政処分もしくは定款に違反し、またはその運営が著しく適正を欠くと認められる場合の行政庁による改善勧告について定めが置かれ、あわせて勧告に従わない法人の公表や措置命令についても定められました。

(2) 法人や役員への影響

社会福祉法人は、行政庁の監督状況にかかわらず、普段から適正な運営を心がけるべきことはもちろんですが、行政庁から改善勧告を受けた場合には、公表や措置命令といった可能性があることも踏まえ、特に迅速に対応すべきでしょう。

社会福祉法人が改善勧告や措置命令に迅速に対応しなかったことにより損害を生じた場合、役員が損害賠償責任を問われる可能性があるでしょう。

コラム ③　不適正運営の事例と行政庁の監督・刑事罰

　これまでに問題となった社会福祉法人の不適正運営の事例としては、どのようなものがあるでしょうか。

　過去の例をみると、前理事長およびその親族による土地取引をめぐって法人が不適正な支出を行っている、理事会の議決を上回る多額の役員報酬が理事長に支払われている、正式な手続により理事会を開催することなく施設長会の協議・了解事項を理事会および評議員会で審議および議決があったものとして議事録を作成した、などの問題を有する社会福祉法人について、措置命令が出されたというものがあります。

　また、多額の使途不明金があり、多額の債務を抱えていた社会福祉法人について、県の措置命令に従っていないことや財政再建できる見込みがないことを理由に解散が命じられた例があります。この事例では、元理事長が業務上横領で懲役2年6月・執行猶予5年の判決を受けています。別の事件で、社会福祉法人の理事が、自己が代表取締役専務を務めていた株式会社の口座に法人資金を振り込み、業務上横領の罪で懲役3年の実刑判決を受けた例もあります。

　なお、公益法人の場合、不適切な運営があった法人について、役員の損害賠償責任の有無を含めて方策を検討するよう行政庁から勧告が出された例があります。社会福祉法人においても、今後、このような勧告が出される可能性は否定できません。

　上記のような問題が生じないよう、今回の法改正を機に法人の体制を見直すことが重要です。

第 4 節
財務の変化がもたらすこと

　今回の社会福祉法改正について考える場合、大切なことは、社会福祉法人会計基準の制定とワンセットで考えることです。この視点を持つことで今回の社会福祉法改正の意味がより明確に理解できる部分が多いのです。

 社会福祉法人としての情報開示

　社会福祉法人をとりまく環境は近年大きく変化をしています。平成12年の介護保険制度導入により、「措置」から「契約」に大転換が起こりました。「契約」ということは利用者の方が直接施設を選択し契約をするということです。利用者の方に施設・法人が選ばれる時代になったということです。次に平成24年に社会福祉法人会計基準が適用開始されました。これにより、従来その実施するサービスにより異なる会計処理がなされてきていた社会福祉法人の会計処理基準が一つになり、会計処理の内容も、株式会社の会計処理により近いものとなりました。その結果、他の社会福祉法人との財務内容の比較がより容易になりました。さらに、より株式会社の会計処理に近いものとなった結果、社会福祉の分野に参入している営利法人との比較も容易となりました。そして、今回の社会福祉法改正により、新たな情報開示が求められることになります。財務諸表・現況報告書・役員報酬基準・役員報酬総額・親族等関係者との取引内容を一般に開示（これらの書類の大部分が公認会計士等の監査を受けていることが前提となるので、情報の精度は高いものです（ただし、一定の基準を超える法人のみ強制））が必要となります。これに加えて、社会福祉充実計画の作成が必要となります。

行政・施設利用者・介護職員からの選別

　独立行政法人医療福祉機構のレポート（平成27年9月29日付）によると、平成25年度において赤字となった社会福祉法人の割合が26.2％とのことです。また、社会福祉法人の私的整理の事例も発生しています。つまり、社会福祉法人も淘汰される時代になったのです。社会福祉法人も様々な利害関係者から選択される結果、選ばれない法人は経営が困難になります。そして、その選択は、公開される情報をもとになされるのです。

　まず、行政は、利用者保護および適正な法令等順守の観点から、施設の財務内容、理事および評議員の職務執行状況（ガバナンス全般）、利用者の事故発生状況、施設職員の状況（資格保有率、離職率等）を検討します。加えて、社会福祉充実計画の内容により地域社会への還元に対する姿勢を検討することで、行政指導等の前提としての行政監査等の対象とするか否かという選択を、公開された情報をもとに実施することになると思われます。

　次に、利用者は、「適切な価額で、安心して生涯利用でき、楽しい時間を過ごせる施設を利用したい」という思いを満たしてくれるか否かという基準で施設を選ぶでしょう。つまり、メンテナンスが行き届き、つぶれる心配がなく、介護職員が活き活きと働いていて、適切な価額の施設を選択するのです。したがって、赤字で介護職員の給与水準が低く、施設の更新がされておらず、理事等の報酬が法人規模に比して高額な法人は、敬遠される可能性が高いと考えられます。

　さらに、介護職員は、「利用者に対する接し方の理念に共感でき、待遇が良く、離職率の低い施設で長く働きたい」と考えています。つまり、給与水準や待遇面が重視され、長く働けるのかという観点から、赤字の法人や施設の収入に対する人件費の比率が他の法人より低い法人は、敬遠され

る可能性が高いと考えられます。

　このような利害関係者からの選択が、情報公開内容の充実により、今後はより容易になされていくことになります。良いイメージを与えることができる法人は、多くの利害関係者から選ばれることにより、施設の利用率が高くなり、経営基盤が充実し、施設の更新や新設をすることができます。つまり、利害関係者の選択を得るための良い事業サイクルが生まれるのです。逆に、悪いイメージを与える法人は、利害関係者から選ばれず施設の利用率が低下し、経営基盤が弱くなり、施設の更新もままならなくなって悪いサイクルに入る可能性が高くなります。

　以上のように、利害関係者の選択は法人経営にとって重大なものであり、その選択の判断資料となる「法人から開示される情報」もまた、重要な意味を有することになります。今回の法改正では、まさに「ガラス張り」ともいえる情報開示の透明性が要求されることとなりました。今後は、要求される情報以上の情報を法人独自に様々な利害関係者に対し追加で発信し続けることが、法人存続のカギとなるものと考えます。

第 2 章

法務はこう変わる

第 1 節
改正社会福祉法の内容

1 経営組織のガバナンスの強化

　まず、改正法の大きな目玉の一つである経営組織のガバナンスの強化から見ていきましょう。今回の改正法により、社会福祉法人の組織体制について詳細な規定が置かれました。その規定内容は、多岐にわたります。

　そこで、本章では、まず経営組織のガバナンス強化について簡単に説明し、評議員や役員等の役割・責任などについては、のちに詳しく解説することとします（本章第 2 節参照）。

(1) なぜ経営組織のガバナンスの強化が必要か

　経営組織のガバナンスの強化の主たる目的は、「社会福祉法人について、一般財団法人・公益財団法人と同等以上の公益性を担保できる経営組織とする」ためです。

　第 1 章でも述べたとおり、社会福祉法人は高い公的性格を持つ法人です。にもかかわらず、ごく一部の社会福祉法人の中には、「法人の金は私のものだ」「私の金で車を買うのが何で悪い」などと発言するような理事長さえ存在することも事実です。

　このように、一部の社会福祉法人では、理事長の勝手な判断によって経営が行われていたり、ときに私物化とも取られかねない法人運営も行われていたりしています。

　こうした事態は、本来であれば、社会福祉法人の内部管理や会計監査などによって防止・解決されるべき問題です。

　他方、一般社団・財団法人や公益社団・財団法人の場合は、近年の公益

第 1 節　改正社会福祉法の内容　　33

法人制度改革によって、ガバナンスの強化が図られています。しかしながら、社会福祉法が定める社会福祉法人の経営組織は、制度発足以来、大きく見直されることがありませんでした。

そのため、社会福祉法人は、他の公益法人よりも高い義務を負う特別の法人であるはずなのに、その組織体制は、他の法人制度と比較して貧弱な側面があったのです。

(2) 改正の2つの視点

そこで、改正法は、社会福祉法人の経営組織のガバナンスの強化を図るため、多くの規定を設けました。以下、■理事・理事長に対する牽制機能の強化、■財務会計に係るチェック体制の整備という2つの視点に分けて、本項に関わる改正法の内容を概観してみましょう。

■ 理事・理事長に対する牽制機能の強化

第1章でお話したような"不適正な運営"には、社会福祉法人の内部統制による牽制が働かず、理事・理事長の自らの勝手な判断を許した結果生じたものもあります。

そこで、改正法は、理事・理事長に対する牽制機能の強化を図るため、各機関の役割や責任などの仕組みを整えました。

ア　評議員・評議員会（本章第2節■(1)参照）

現在の社会福祉法人制度では、法令上、評議員会の設置は任意とされています。

確かに、社会福祉法人審査基準は、一部の法人を除く社会福祉法人に対して、評議員会の設置を求めています。ここでの評議員会は、原則として、諮問機関として位置付けられ、法人の業務の決定に当たり重要な事項についてあらかじめ意見を聴く必要があるものとされています。

しかし、裏を返せば、すべての社会福祉法人が評議員会を設置しているわけではありません。現に、社会福祉審査基準は、一部の法人（措置事業、

保育所または介護保険事業のみを行う法人）に対して、評議員会の措置を求めていませんでした。

また、評議員会を設置している社会福祉法人であっても、あらかじめ評議員会の意見を聴けばそれで足りてしまいます。これでは、理事・理事長に対する牽制機能が十分に働きません。

そこで、改正法は、法律上、評議員会を必ず置かなければならない議決機関（最終的な意思決定機関）と定めました（改正法36①、45の8②）。

そして、評議員会は、重要な事項の決定をする役割を担い、理事の選任・解任、役員等（理事・監事・会計監査人）の報酬額の決定をするなどの権限も有します。これらの権限が与えられると、評議員会は、不適正な法人運営をする理事・理事長の報酬を減額したり、解任したりすることができるようになります。

つまり、これらの権限の新設により、評議員会が理事・理事長を牽制し、恣意的な法人運営を防ぐことが期待されるのです。

一方で、評議員会を構成するメンバーである評議員は、理事との兼職が禁止され、また理事や理事会により選任・解任することができないこととされています。

これらの規定により、評議員の独立性が確保されるので、評議員会による理事・理事長に対する適切な牽制が一層期待されることになります。

イ　理事・理事長・理事会（本章第2節❶(2)参照）

また、旧法上、法人の業務の決定は、理事の過半数をもって決することとされており、理事会の設置や権限に関する規定はありませんでした。

そこで、改正法は、理事会を法人の業務執行に関する意思決定機関として位置付け（改正法45の13②一）、その権限を明記しています。一方で、改正法は、評議員会の牽制を受ける者、つまり理事・理事長の役割や権限の範囲、義務なども定めています。

これらの規定については第2節で詳しく解説しますが、ここで、本項

第1節　改正社会福祉法の内容　　35

に関連する改正点をいくつか先取りして説明したいと思います。

　まず、理事会の権限として、理事の職務執行の監督や理事長の選定・解職の権限を有することが明らかにされました。理事会は、これらの権限を通じて、理事・理事長に対する牽制機能を果たすことが期待されます。また、理事の義務および法人に対する損害賠償責任が定められたことも、理事・理事長に対する牽制機能と大きく関わりがある改正点といえるでしょう。

　例えば、改正法の施行後に、理事長が社会福祉法人の資金を私的流用したとします。

　この場合、理事長は、社会福祉法人に対する損害賠償責任を負うこともありますし、理事会によって理事長の地位を解職されたり、評議員会によって理事の地位そのものを解任されたりすることもあります。また、理事会が適切に監督しなかった結果、理事長の私的流用を許していたときには、各理事も連帯して損害賠償責任を負う可能性もあります。後者のような事態に陥らないためにも、理事同士、相互監視を徹底しておくことが必要です。

ウ　監事（本章第2節❶(3)参照）

　さらに、改正法は、監事の権限や義務などについても規定をしています。

　監事は、これまで法人の決算を監査することが業務の中心と考えられることもありましたが、本来は、会計監査だけでなく業務監査も行う機関です。つまり、監事は、評議員会とともに、社会福祉法人の業務執行を監督する存在なのです。

　そこで、改正法は、監事の理事会への出席義務、理事会への報告義務等を定めています。したがって、改正法の下では、監事は、年1回の決算理事会に出席するだけでは足りず、法人の業務執行状況を適切に把握して監査を行う必要があるのです。

　また、改正法は、監事が実効性ある監査をすることができるように、職

員へ事業報告を求める権限等も与えています。

さらに、監事の選任解任権や報酬決定権は、評議員会が有することになりました。仮に理事が監事の選任解任や報酬額を決定してしまうと、監事を事実上コントロールすることも可能になります。この改正点は、監事が独立した立場から理事長・理事に対する監督を行う上で、極めて重要です。

もちろん、改正法の下においても、監事が法人の財務関係の適正さを担保する要であることに変わりありません。

2 財務会計に係るチェック体制の整備

また、理事・理事長に対する牽制とともに社会福祉法人のガバナンスに深く関わるのが、財務会計に係るチェック体制です。

旧法上、社会福祉法人の会計監査は監事に委ねられていました。

しかし、社会福祉法人の規模が大きくなればなるほど、監事の会計監査だけでは十分なチェックをすることが難しくなります。というのも、外部との取引によって大規模な事業を営んでいる法人は、債権者などの利害関係人も多く、また経理も相当に複雑となってくるからです。財務会計の監査の強化の観点からすると、このような社会福祉法人においては、外部監査を積極的に活用すべきです。

そこで、改正法は、特定社会福祉法人に対して、会計監査人による監査を法律上義務付けました。また、設置義務の対象とならない法人においても、定款で定めるところにより、会計監査人を置くことができます。

会計監査人は、社会福祉法人の外部機関として、法人の計算書類およびその附属明細書を監査し、会計監査報告などを行います（本章第2節❶(4)参照）。

会計監査人の設置は、財務会計のチェック体制の整備、ひいては経営組織のガバナンスの強化につながります。もっとも、会計監査人は、事業に使用すべき財産の使用および会計処理が適正に行われているかについて厳しくチェックしていく機関です。このため、会計監査人は、社会福祉法人

【図表-1】社会福祉法人のガバナンス

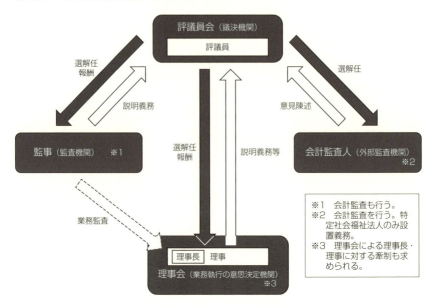

の財務規律の強化（本節❸参照）にも資することになります。

なお、監事の会計監査についても、いくつかの規定が新設されています。

❷ 事業運営の透明性の向上

　第1章でも触れたとおり、社会福祉法人は、公益性の高い社会福祉事業を主たる事業とする非営利法人です。このため、社会福祉法人は、その運営の状況について、広く国民に対する説明責任を果たす必要があります。加えて、社会福祉法人が税制優遇や公金の支出も受けていることも踏まえると、その運営の透明性を確保することは必須といえます。

　そこで、改正法は、社会福祉法人の情報を公開する対象範囲を拡大するなどの規定を設けました。社会福祉法人の情報公開を広く行うことで、地

域住民等の信頼を得て、法人の活動に対する理解が深まることも期待されます。

  (1) 定款の内容の開示

❶ 定款の意義

社会福祉法人の組織・運営・管理のすべてに関わる基本的なルールが、各法人の定める定款です。社会福祉法人は、定款に記載された内容に従って法人経営を行わなければならず、その目的の範囲を超えた行為は無効となると考えられています。

そのため、法人の債権者にとっては、「債務者である法人が、定款に定められている事業目的どおりにきちんと活動しているのか」などといった点は、大きな関心事となります。

また、評議員会は、理事・理事長に対する牽制機能を果たすのですから（本節❶(2)❶参照）、その構成員である評議員も定款をチェックすることが求められます。

❷ 定款の備置き・閲覧・公表

改正法は、これらの理由から、定款を法人の主たる事務所および従たる事務所に備え置かなければならないと定めました。

また、評議員および法人の債権者は、理由の有無にかかわらず、定款の閲覧や定款の謄本または抄本の交付を請求することができます。

つまり、評議員や法人の債権者は、定款の閲覧などを通じて、法人の経営に対する監視の目を光らせることができるのです。

加えて、改正法では、評議員や債権者以外の者であっても、定款の閲覧を請求することができるようになりました。本項の冒頭でも触れたとおり、社会福祉法人は、その適正な運営の確保について、国民に対する説明責任を果たすべきだからです。ただし、社会福祉法人は、「正当な理由」がある場合には、評議員や債権者以外の者による定款の閲覧を拒むことが

できます。

　なお、これらの定めに反した場合には、20万円以下の過料という制裁を課されることになります（改正法133四）。

　さらに、社会福祉法人は、設立時に定款について認可を受けたときや、設立後に定款の変更について認可を受けたときなどは、その定款の内容を公表しなければなりません。この公表の方法は、原則として、ウェブサイトの掲載などインターネットを用いた方法によるとされています。

❸　定款の内容を開示することによる影響

　以上のように、改正法の施行によって、社会福祉法人の定款の内容が広く国民一般に開示されることになります。

　そもそも、社会福祉法人は、定款に記載された目的の範囲内での活動しかできません。したがって、評議員や理事としては、定款の内容をしっかりと確認するとともに、法人がその目的の範囲を超えた活動をしていないかどうか、常に気を配ることが必要になってきます（後述コラム⑥参照）。

■　(2)　会計帳簿

❶　会計基準の統一と会計帳簿の作成義務

　また、社会福祉法人の経営の透明性を確保するためには、国民に対してその経営状態を広く開示する必要があります。

　そこで、社会福祉法人は、一定の基準に従って会計処理を行うとともに、適時に、正確な会計帳簿を作成しなければならないこととなりました。その具体的な基準は、厚生労働省令で定められています。

　ここにいう会計帳簿とは、仕訳帳や総勘定元帳、各種の補助簿（現金出納帳、手形小切手元帳等）のことをいいます。会計帳簿は、貸借対照表や収支計算書と異なりオリジナルな書類ですから、会社の経理について多くの情報を提供します。

　なお、会計帳簿の作成を怠ったり虚偽の記載をしたりした場合には、

20万円以下の過料という制裁を課されることになります（改正法133五）。

② 会計帳簿の閲覧・謄写

こうして作られた会計帳簿は、評議員や役員等にとって重要な意義を有します。例えば、評議員は、会計帳簿のチェックを通じて、ある理事が不適切な支出をしていると認めることができれば、その理事を解任することができます。

このように、評議員が法人の業務執行に対する監督是正を実効的に行うためには、法人の業務および財産の状況に関する情報を入手できる必要があります。

そこで、改正法は、会計帳簿の閉鎖の時から10年間、その会計帳簿およびその事業に関する重要な資料を保存しなければならないと定めました。また、これとともに、評議員が会計帳簿の閲覧及び謄写を請求できる旨も定められています。

この請求を不当に拒絶した場合、20万円以下の過料の制裁を受けることになります（改正法133三）。

先ほど述べたように、役員としては、会計帳簿一つでクビが飛ばされるおそれもあります。理事や監事は、日頃から不適切な会計処理がなされないように適切な措置を講じなければ、自らの地位が危うくなるのです。

■ (3) 計算書類

① 計算書類の作成・監査・承認

次に、社会福祉法人は、毎会計年度終了後3か月以内に、各会計年度に係る計算書類や事業報告などを作成しなければならないこととなりました。

計算書類とは、改正法上、貸借対照表と収支計算書のことをいい、社会福祉法人の財政状態を如実に示す重要な書類です。

作成した計算書類は、監事らの監査を受けることになりますが、その後、

第1節　改正社会福祉法の内容　41

理事会と定時評議員会による承認も得なければなりません（ただし、一部の例外があります。詳しくは、第3章第1節❷(3)❺❻をご覧ください）。

また、旧法の下では、評議員会の運営が形骸化している法人も多くあります。しかし、今後の定時評議員会では、単に計算書類の承認をするだけではなく、理事による事業報告もされなければなりません。

事業報告を通じ、評議員が「役員が不適切な運営をしたから、うちの法人は赤字になったのだ」などと考えれば、役員が解任される可能性も否定できません。

❷　計算書類の閲覧・謄写

計算書類も社会福祉法人の経営状態を示すものですから、事業運営の透明性を図るため、広く開示することが求められます。そこで、改正法は、以下の規定を定めました。

まず、社会福祉法人は、原則として、計算書類等を定時評議員会の2週間前の日から5年間、その主たる事務所に備え置かなければなりません（ただし、一部の例外があります）。

また、これまで社会福祉法人の財産状況に関する資料を閲覧することができたのは、評議員や債権者、サービスの利用希望者などの利害関係人に限られてきました。しかし、改正法の下では、誰でも、社会福祉法人の計算書類等を閲覧することができるようになりました。

なお、改正法は、計算書類等の閲覧請求等を不当に拒絶した場合の制裁規定を用意するとともに（改正法133三）、訴訟の当事者に対する計算書類および附属明細書の提出命令制度も設けています。

❸　計算書類の届出・公表

また、社会福祉法人は、法律上、計算書類等および財産目録等を所轄庁へ届け出なければならないこととなりました。これは、所轄庁による指導監督も強めて（本節❺参照）、一層の事業運営の透明性を図ろうという目的の現れにほかなりません。

42　第2章　法務はこう変わる

具体的に、どのような書類を届け出なければならないのか気になる方は、改正法第 59 条をご覧ください。

さらに、改正法は、社会福祉法人に対し、定款のほか（本節❷(1)❷参照）、貸借対照表や収支計算書の公表も義務付けました。これらの文書は、原則として、ウェブサイトに掲載をするなどしてインターネット上で公表しなければなりません。

改正法で、社会福祉法人の計算書類等が公表されるようになったのは、社会福祉法人の財産状況を国民の監視下に置こうという意図の現れといえるでしょう。

■ (4) 旧法下との比較

なお、貸借対照表などの文書は、これまでも社会福祉法人審査基準によって、公表が義務付けられていました。ところが、厚生労働省の調査によれば、平成 24 年度分の財務諸表をウェブサイトまたは広報誌のいずれかで公表した社会福祉法人は、全体の約半数にとどまります。

改正法は、法律というレベルで閲覧対象を広げ、閲覧請求者を国民一般にまで広げ、さらには一定の文書について公表義務まで定めている点に意義があります。

地域に根ざした事業を行うためには、地域住民などの利害関係者と円滑なコミュニケーションを図ることが不可欠です。この点においても、社会福祉法人がその経営状態を開示することは重要な意味を持ちます。

また、改正法はこれらに加えて役員の報酬基準についても公表せよと定めています。こちらの説明は次の❸に譲りましょう。

❸ 財務規律の強化

次は、社会福祉法人の事業運営とも密接に関わりのある財務規律に関す

る話です。社会福祉法人は、まず適正かつ公正な支出管理に則った事業運営をすることが求められます（本節❸(1)参照）。

この支出は、主として社会福祉法人の事業に回され、事業は収益を生み出します。そして、事業運営によって生じた利益が蓄積すると、いわゆる内部留保（利益剰余金）を生むことになりますが、この内部留保は、さらに事業継続に必要な財産とそれ以外の財産に分けられます（本節❸(2)参照）。

改正法は、後者の財産の額を、社会福祉充実残額として福祉サービスへ再投下しなければならないと定めています（本節❸(3)参照）。

以下、順に見ていきましょう。

■ (1) 適正かつ公正な支出管理

1 役員等に対する利益供与

ア 特別の利益供与の禁止

旧法は、社会福祉法人が役員や評議員などに対して高額な不動産を無償で譲り渡すことを、明確に禁止していませんでした。しかし、社会福祉法人は公費や保険料を原資として、不特定多数の者の利益のために事業を行う法人です。したがって、社会福祉法人が特定の者に対してのみ高額な財産を譲り渡すような不正を黙って見過ごすことはできません。

そこで、社会福祉法人は、事業を行うに当たり、評議員、理事、監事、職員その他の政令で定める法人の関係者（以下、「関係者等」といいます）に対し、特別の利益を与えることが明確に禁止されました。これを「特別の利益供与の禁止」といいます。

そうすると、読者の方は「誰に対するどこまでの利益供与であれば適法なのか」という疑問を持つかと思いますが、この疑問にすべて答えるためには、政令の施行や今後の議論を待たなければなりません。

もっとも、社会福祉法人が、関係者等に対し、土地建物を無償または通

44   第2章 法務はこう変わる

常よりも低い賃料で貸し付ける行為などは、特別の利益供与として禁止されるでしょう。

ちなみに、類似の規定を持つ公益法人認定法においては、内閣府公益認定等委員会による「公益認定等ガイドライン」が「特別の利益」に関する判断基準を示しています。

イ　社会福祉法人会計基準との関係

ここで、改正法が新たに定めた特別の利益供与の禁止と社会福祉法人会計基準との関係について触れておきます。同基準は、法律に定められたものではありませんが、法人の会計処理に深く関わるため馴染みのある方も多いでしょう。

同基準は、社会福祉法人と役員やその近親者との間の一定の取引について、財務諸表の注記事項として記載することを求め、これを公表することとしています。このことからも分かるとおり、同基準は、社会福祉法人と関係者との間の取引自体を禁止するものではありません。

しかし、社会福祉法の改正に伴い、次のとおり、その公表対象が拡大れることとなっています。

まず、評議員や社会福祉法人の支配法人・被支配法人・同一の支配法人との間の一定の取引が公表対象に含められる予定です。また、社会保障審議会福祉部会報告書では、取引額が100万円を超える取引についても、公表対象に含めるべきであるとされています（ただし、平成28年3月31日「社会福祉法人会計基準の制定に伴う会計処理等に関する運用上の留意事項について」では、従前と変わらず、年間1,000万円を超える取引を開示対象とするものとされています）。

新たな社会福祉法人会計基準の内容は、既存の公益財団法人制度を参考にしたものです。いずれの規定の新設も、社会福祉法人に対する行政の監督（本節❺参照）を強めようという傾向が現れているといえるでしょう。

2 理事、監事および評議員の報酬等

ア 支給基準の設定

また、改正法で大きく変わるのが理事、監事および評議員の報酬の取扱いです。

これまでの社会福祉法人定款準則（モデル定款）は、理事や監事の報酬について、理事会の議決を経て、理事長が定めるものと規定していました。そのほか指導監査要項などにおいても、いくつかのルールが設けられています。

しかし、法律上は、評議員の報酬についてはもちろん、理事や監事の報酬についても定めがありませんでした。

そこで、社会福祉法人は、理事、監事および評議員の報酬等に関する支給の基準を定めた上、この基準に従って実際の報酬等を支給しなければならないこととなりました。ここにいう「報酬等」の中には、賞与や退職手当なども含まれます。

イ 支給基準に従った報酬の支払い等

しかし、これだけの規制では、適正かつ公正な支出管理という目的を十分に図ることができません。

というのも、理事会が支給基準を定めさえすれば、ほとんど働いていない理事でも不当に高額な賞与を受けることなどが可能となってしまうからです。このような事態がまかり通っては、国民の納得も得られません。

このため、改正法は、報酬等の支給基準についてさらに2つの制限を設けています。

まず、報酬等の支給基準は、厚生労働省令で定めることにより、民間事業者の役員の報酬等および従業員の給与、法人の経理の状況その他の事情を考慮して不当に高額なものとならないものとしなければなりません。また、その支給基準の設定・変更をするためには、評議員会の承認を受けることが必要になります。

これらの規定によって、理事に対する不当に高額な報酬等の支払が防止され、適正かつ公正な支出管理が図られるのです。

コラム 4　社会福祉法人とお金

　これまでの社会福祉法人制度については、理事長による事業費の私的流用やその高過ぎる報酬も批判の矛先として挙げられていました。これらの批判が改正法の成立に直接つながったかどうかについては判断が難しいところです。もっとも、「社会福祉法人とお金」の問題が、何らかの形で改正法の成立に結びついているのは間違いないと思われます。

　ここで、社会福祉法人のお金に関するデータを見てみましょう。ある調査によれば、特別養護老人ホーム（特養）の内部留保は、1施設当たり約3.1億円、総額約2兆円規模に達します。また、別の調査によれば、社会福祉法人の理事長（当該調査ではCEOという言葉が用いられています）の報酬最高額は2,335万円、常勤職員の年収最高額の平均値は約753万円となるそうです（経済産業研究所　後房雄『日本におけるサードセクター組織の現状と課題－法人形態ごとの組織、ガバナンス、財政の比較－』別紙表4、表8）。

　ところが、一方では、理事や監事の報酬がゼロである社会福祉法人も少なくありません。ある所轄庁は「理事長の給与として日額1万円を支払うべきである」と指導をすることもあるそうですが、小さい社会福祉法人の場合は、そのような指導に従うことも難しいのではないでしょうか。

　ただ、改正法は、評議員や役員等が任務を怠った場合の損害賠償責任を明文で定めました（本章第2節❷参照）。このため、今後、それらの役職をまったくの無報酬で引き受けてもらうのは難しくなるかもしれません。

ウ　支給基準の届出・公表

　また、報酬等の支給基準を記載した書類は、所轄庁に対して届け出なければなりません。さらに、支払基準の内容は、原則として誰でも閲覧することができますし、社会福祉法人も、支払基準を一般国民に向けて公表することが求められます。

それぞれ、どの程度具体的なものを届け出たり公表したりしなければならないのかという点については、厚生労働省令で定められる予定です。

なお、社会保障審議会福祉部会報告書によれば、役員等の区分ごとの報酬総額を公表するとともに、個別の役員等の報酬額についても所轄庁への報告事項とすることが必要であるとされています。

仮にこの内容の厚生労働省令が定められれば、理事らの報酬についても、行政による監督のみならず、国民による監視の目も強まることになります。

❸ 会計監査人の設置

以上触れてきたように、社会福祉法人は、役員等に対する利益供与や報酬の支払いなども含めて、事業を運営するに当たり様々な支出をしています。

これら法人の支出を適正かつ公正なものとするために大きな役割を担うのが、会計監査人です。改正法によって、特定社会福祉法人については会計監査人の設置が義務化されています（本節❶(2)❷、本章第2節❶(4)参照）。

(2) 余裕財産の明確化

本項の冒頭でも触れたように、改正法は、支出管理についてだけでなく、利益の蓄積である内部留保（利益剰余金）についても新たな規定を設けています。(2)や(3)は法人の財務会計とも密接に関わりますが（詳細な解説は第3章第3節参照）、ここでは、「内部留保とは、法人の資産から負債を引いたもの」と理解しておけば十分です。

内部留保に関して新たな規定が設けられた理由は、「社会福祉法人は、制度や補助金、税制優遇に守られて高い利益率を有しているのに、内部留保として無為に積み上げている」という批判が寄せられたことにあります。

もちろん、内部留保とはいっても、その中には現に事業に活用している土地建物などの財産や、将来の施設の建て替え費用として必要な資産も含

まれています。しかし、内部留保のうち、現に行っている事業を継続するために必要でない財産（余裕財産）は、計画的に福祉サービスに再投下し、地域に還元すべきであると指摘されたのです。

そこで、改正法は、このような社会福祉法人の内部留保の実態を明らかにするとともに、何が余裕財産に当たるのかを明確にする仕組みを作ることとしました。

具体的な仕組みとしては、これまでに述べた会計監査人の導入や財務諸表の公表、評議員会による内部牽制、会計制度の整備などを挙げることができます。

(3) 福祉サービスへの再投下

1 社会福祉充実計画の作成

以上のような仕組みが機能すると、社会福祉法人の資産のうち福祉サービスに再投下することが可能である額が、自然と明らかとなります。改正法は、このような意味での余裕財産の額を「社会福祉充実残額」と名付けています。

社会福祉充実残額がある場合、社会福祉法人は社会福祉充実計画を作成しなければなりません。

大まかに説明すれば、社会福祉充実計画とは、社会福祉法人が余裕財産を用いて社会福祉事業などの新規実施や既存事業の拡充を図る計画である、ということができます。

社会福祉充実計画には、社会福祉事業や公益事業など（法令上は「社会福祉充実事業」という言葉が使われています）のために、いくらの事業費を投じるのかという点まで記載しなければならず、最終的には所轄庁の承認も得なければなりません（**図表-2**参照）。

事業費をあまりに安く設定し、結果的に内部留保を過度に貯めることができるような計画内容を作成しても、所轄庁の承認を得られる可能性は乏

第1節 改正社会福祉法の内容 49

しいでしょう。

❷ 社会福祉充実事業の実施

　また、社会福祉法人は、社会福祉充実計画を作りさえすれば足りるのではなく、所轄庁の承認を得た社会福祉充実計画に従って事業を行わなければなりません。このため、社会福祉法人は、事業費をきちんと社会福祉事業や公益事業に再投下しなければならないこととなります。

❸ 社会福祉充実計画の新設による影響

　以上のような内容の改正法が施行されると、社会福祉法人は、今後「新規事業を展開しても成功するかどうか分からないから、将来の跡継ぎのためにお金を貯めておこう」などという消極的な判断をすることは難しくなります。

　加えて、社会福祉充実計画の作成に当たっては、公認会計士などの専門家の意見も聞かなければならないと規定されています。そうすると、計画の作成自体についても別途コストが発生することになります。

　さらに、社会福祉法人が社会福祉充実計画を実施する場面においては、「無料または低額な料金」で福祉サービスを提供する、という努力義務まで負います。

　このように、改正法が成立すると、社会福祉法人はコストをかけて社会福祉充実計画を作成し、上記の意味における余裕財産の中から事業費を再投下しなければなりません。そればかりか、社会福祉法人は、「無料または低額な料金」で福祉サービスを提供することが求められるのです（本節❹参照）。

50　第2章　法務はこう変わる

【図表-2】社会福祉充実計画の作成・実施

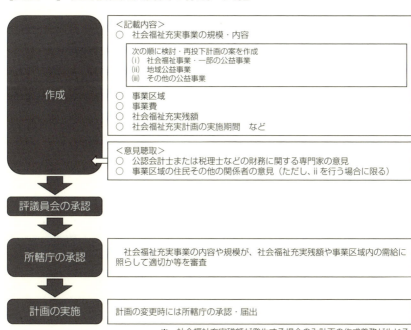

4 地域における公益的な取組みを実施する責務

(1) 社会福祉法人の新たな責務

> **第24条第2項**
> 社会福祉法人は、…（中略）…日常生活又は社会生活上の支援を必要とする者に対して、無料又は低額な料金で、福祉サービスを積極的に提供するよう努めなければならない。

第1節　改正社会福祉法の内容　51

本節❸で触れたとおり、社会福祉法人は「無料または低額な料金で」福祉サービスを提供することが求められます。これは、社会福祉充実事業を実施する場合だけに限られません。

改正法第24条第2項は、まさに今回の改正法の根幹に関わるものといえるでしょう。

社会福祉法人の今日的な意義は、他の事業主体では対応できないような福祉サービスを提供することにあるからです。

(2) 改正法第24条第2項のメッセージ

社会福祉法人は、元々公益性・非営利性のある法人であって、改正法の成立によってその性格が変わったわけではありません。にもかかわらず、あえて上記のような条文が設けられたのは、社会福祉法人に対する信頼が崩れつつあったからではないでしょうか。

すでにお気づきのとおり、改正法の中には、従来のモデル定款や会計基準に定められたものと類似する規定も含まれています。特に、「社会福祉法人は……福祉サービスを積極的に提供するよう努めなければならない。」という理念は、本来すべての法人が遵守していなければならなかったはずです。

ところが、一部の社会福祉法人は多額の内部留保を溜め込んでいたり、あろうことか反社会的勢力に利用されたりしている（後述コラム⑤参照）との報告すらなされています。改正法第24条2項が定められたのは、本節❹(1)で触れたような社会福祉法人の役割を、今一度はっきりと示すためであるとも考えられます。

(3) 社会福祉法人の今後の取組み

確かに、本節❸の末尾でも触れたとおり、今回の改正は、社会福祉法人に対して大きな負担を課す側面もあります。けれども、住民の福祉サー

ビスに対する需要を見極め、きちんとした計画作りを行えば、福祉サービスの提供を通じて、大いに地域貢献を果たすことも可能です。特に、企業など他の事業主体では実現できないようなサービスを提供していくことが肝要といえるでしょう。

また、改正法は、役員らが法人の地域貢献度に応じて適正な報酬を得ることも直ちには否定していません。

今回の改正法を後ろ向きに捉えるのではなく、むしろ事業をより良くするチャンスだと捉えて、前向きに仕組みづくりに取り組むことが望まれます。

コラム 5　社会福祉法人と反社会的勢力

本節❶でも触れたとおり、社会福祉法人の中には、ときに私物化とも取られない運営を行っている法人もあります。しかも、ごく一部の社会福祉法人においては、反社会的勢力が経営に関与しているとの報告もなされています。

この問題は、国会においても取り上げられ、警察の対応状況や今後の対応などについて議論がなされました。

反社会的勢力に対する対応は、平成19年6月に「企業が反社会的勢力による被害を防止するための指針」が定められてから現在に至るまで、重要な問題として位置付けられています。独立行政法人福祉医療機構も、平成24年から、契約書などに反社会的勢力排除条項を盛り込んでいます。

社会福祉法人が反社会的勢力のいわば隠れ蓑にならないようにするため、社会で連携した対応をとることが不可欠です。

5　行政による監督

■ (1)　指導監督の見直し

社会福祉法は、改正前においても、行政による監督を認める規定をいく

第1節　改正社会福祉法の内容　53

つか設けていました。具体的には、社会福祉法人に対する措置命令・業務停止命令・役員の解職勧告・解散命令を認める諸規定と、公益事業または収益事業の停止命令を認める規定などです。

行政は、中立公正かつ専門的な立場から法人運営を監督することが期待されます。第1章でもお話ししたとおり、社会福祉法人は一層高い公益性と非営利性を確保することが望まれるのですから、行政に対する期待も一層大きくなるものといえるでしょう。

そこで、改正法は、社会福祉法人の不適切な運営に対して実効性のある是正措置を講じるため、次のような諸規定を設けました。

1　所轄庁による立入検査等

まず、所轄庁は、改正法の施行に必要な限度において、社会福祉法人に対し、次のような監督を行うことができるとしています（改正法56①）。

> （i）　法人の業務もしくは財産の状況に関し報告をさせること
> （ii）　所轄庁の職員が事務所その他の施設に立ち入ること
> （iii）　業務状況や財産状況に関する検査のほか、帳簿、書類その他の物件の検査をすること

これにより社会福祉法人の不適切な運営が行われていることが確認されれば、行政は、続いて是正措置等を講ずるかどうかを検討することになります。

なお、旧法においても似たような規定はありましたが、改正法の規定は旧法よりも適用場面が広がり、罰則規定も設けられています。社会福祉法人の視点から見れば、日頃からきちんとした帳簿管理などを行うことが一層望まれることになります。

2　勧告・公表に関する規定の新設

また、先ほど触れたとおり、所轄庁はこれまでも措置命令・業務停止命

54　第2章　法務はこう変わる

令・解職勧告・解散命令などを行うことができました。改正法は、所轄庁にこれらの権限を与えたまま、さらに社会福祉法人に対する勧告・公表に関する規定を整備しています（改正法 56 ④、⑤）。

これにより、所轄庁は、社会福祉法人に対してより柔軟かつ機能的な指導監督を行うことができるようになりました。

ア　勧告

まず、所轄庁は、社会福祉法人が、法令、法令に基づいてする処分もしくは定款に違反したことを認めるときは、当該社会福祉法人に対し、期限を定めてその改善のために必要な措置（役員の解職は除かれます）をとるべき旨を勧告することができます。

ここで注意すべきなのが、所轄庁は、社会福祉法人の「運営が著しく適正を欠くと認めるとき」にも勧告を行うことができる、と規定されている点です。

どのような場合に社会福祉法人に対する勧告を行うのかについて、所轄庁には一定の裁量が与えられているものと考えられます。

イ　公表

また、社会福祉法人が所轄庁の定めた期限内に勧告に従わなかったとき、所轄庁は、その旨を公表することができます。

社会福祉法人にとって、ここで公表される内容は決して好ましいものではありません。現代社会においては、公表が、時に社会福祉法人に対して致命的な一打を与えることもあるでしょう。

したがって、万が一、社会福祉法人が勧告を受けた場合には、その内容が正当なものである限り、速やかに法令遵守や経営改善を図るべきです。また、仮に身に覚えのない勧告を受けたときには、決してそれを無視せず、弁護士などの専門家に相談することをお勧めします。

3　他の制度との関係

ここまでに述べてきたような行政による指導監督は、それのみで万全な

第 1 節　改正社会福祉法の内容　　55

効果を発揮するものではありません。社会福祉法人の事業内容は多岐にわたり、法人数も相当数に上るため、行政が指導監督すべき範囲も広大なものとなるからです。

　むしろ、法人運営の中で行政が関与すべき範囲を明確にしつつ外部の機関等を積極的に活用する方が、行政としても効率的な監査をすることができるでしょう。

　そこで設けられたのが、会計監査人（本節❶(2)❷、本章第 2 節❶(4)参照）です。

　会計監査人の制度の詳細については改めて説明しますので、ここでは、行政による監督とこれらの制度を組み合わせて、全体として社会福祉法人に対する指導監督を図ろうとしているということを理解していただければ十分です。

(2)　認可等の権限移譲について

　ところで、改正法の下でも、原則的な所轄庁は、法人の主たる事務所の所在地の都道府県知事とされています。もっとも、社会福祉法人制度について、近年、その事務・権限の移譲等に関する見直しが進んでいました。改正法では、この方針が推し進められています。ここでは、そのうちの重要な点を取り上げたいと思います。

◆社会福祉法人の行う事業が 2 以上の都道府県の区域にわたる場合
　　原則として、所轄庁は都道府県とする。ただし、2 以上の都道府県の区域で事業を行う法人の認可等の権限については、地方厚生局から都道府県へ移譲する。

◆社会福祉法人の行う事業が 1 つの都道府県の区域内である場合
　　原則として、所轄庁は都道府県とする。ただし、1 つの都道府県の区域で事業を行う法人であって、主たる事務所が指定都市に所在する

法人の認可等の権限については、都道府県から指定都市へ移譲する。

なお、社会福祉法人の所轄庁の権限移譲がさらに進むことを踏まえ、改正法においては、国・都道府県・市の役割と連携の仕組みを整えています。

6 その他

第1章でも触れたとおり、今回の制度改革においては、社会福祉法人の公益性・非営利性を担保する観点から、経営組織のガバナンスの強化、事業運営の透明性の向上、財務規律の強化を図り、社会福祉法人のあるべき姿について国民に対する説明責任を果たすことが急務とされました。また、社会福祉法人の今日的な使命として、地域における公益的な取組みを実施する責務が明らかにされるとともに、行政による監督も整えられたのです（本節❶〜❺参照）。

本項では、これらの視点による分類から少し離れて、改正法や関連法規の他の改正点をごく簡単にお話しします。

(1) 清算・合併

社会福祉法人の今日的な意義は、他の事業主体では対応できないような様々な福祉ニーズを充足し、地域福祉に貢献することにありました。もっとも、社会福祉法人による自由な解散・合併がなされては、その貢献主体が法人の意思決定のみによって消滅してしまうことになります。

そこで、旧法の下でも、社会福祉法人の解散・合併には、所轄庁の認可等が必要であるとされていました。

また、解散・合併は、会社自身や、その債権者にも極めて大きな影響を及ぼします。

第1節　改正社会福祉法の内容　57

そこで、改正法は、法人の解散・合併について評議員会の特別決議を要求するほか、詳細な手続規定を置いています。ここにいう特別決議とは、通常、議決に加わることができる評議員の3分の2以上に当たる多数をもって行う決議のことをいい、普通決議よりも要件が加重されているものです（本章第2節❶(1)❻参照）。

解散や清算の手続については改正法第46条以下を、合併の手続については図表-3と改正法第48条以下をご参照下さい。

【図表-3】合併の手続

①合併契約
⇩
②評議員会の特別決議
⇩
③認可
⇩
④財産目録、貸借対照表、契約の内容、権利義務の承継に関する事項等の備置き
⇩
⑤債権者への公告・催告
⇩
⑥登記

(2) 福祉人材の確保の推進
―社会福祉施設職員退職手当救済制度の見直し

また、社会福祉法の改正にあわせて、福祉サービスの供給体制の整備および充実を図るため、次のような福祉人材の確保を推進する措置が講じられます。

◆介護人材確保に向けた取組みの拡大
◆福祉人材センターの機能強化
　（離職した介護福祉士の都道府県センターへの届出努力義務の創設など）
◆介護福祉士の国家資格取得方法の見直し
◆社会福祉施設職員退職手当救済制度の見直し

このうち大きく改正されるのが、社会福祉施設職員退職手当救済制度です。社会福祉事業の在り方が変わりつつある現在、「イコールフッティング」(第1章第1節❷参照)の観点等を踏まえて、同制度の在り方についても総合的に再検討をする必要があると考えられたのです。

紙幅の関係上、同制度に関わる改正点のすべてに触れることはできませんが、見直される点のうち主要なものについて触れておきたいと思います。

なお、次の❶〜❸の内容は、改正社会福祉施設職員等退職手当共済法によるものです。

❶ 給付水準

まず、給付水準については、民間との均衡を考慮しつつ長期加入に配慮した支給乗率に見直すこととされました(共済法8)。

これにより、職員の定着とそれに伴う福祉人材の確保、ひいては福祉サービスの安定的な供給と質の向上に資するような仕組みが整うことが期待されます。

❷ 合算制度

次に、合算制度については、被共済職員が退職した日から再び被共済職員になった場合、前後の共済加入期間を合算できる期間を「2年以内」から「3年以内」に改めることとなりました(共済法11)。

これにより、合算期間が中小企業退職金共済制度と同一の期間に拡充されることになり、出産、育児、介護などにより退職した職員が職場に復帰しやすくなることが期待されています。

❸ 公費助成

さらに、障害者支援施設および障害福祉サービスについては、公費助成を廃止することとされました。こちらも、他の事業主体との「イコールフッティング」を図ることが主たる理由です(共済法2)。

もっとも、既加入者の期待利益に配慮するため、既加入者に対する公費助成は維持されるものとされています。

第1節 改正社会福祉法の内容 59

第 2 節
詳論―経営組織のガバナンスの強化

1 各機関の役割

(1) 評議員・評議員会

1 評議員とは？

評議員とは、法人の必置機関である評議員会の構成員のことです。

評議員と法人との関係は、委任契約の関係にあります。すなわち、評議員は、法人の構成員ではなく、法人から、評議員としての職務を委ねられた、という関係にあるのです。

評議員は、7名以上の評議員からなる評議員会に出席し、評議員会での議論・議案に関して検討を行い、適切に議決権を行使し、法人の基本的事項について決定したり、理事を監督したりすることが求められています。

2 評議員会とは？

評議員会とは、すべての評議員で構成され、改正法で規定された事項と定款で定めた事項につき決定し、業務執行を行う理事（理事会）の監督等を任務とする必置機関です。

評議員会では、以下のことを決定します。

〈評議員会の決議事項〉

(i) 役員（理事・監事）と会計監査人の選任および解任

(ii) 役員等（理事、監事、会計監査人）または評議員の法人に対する損害賠償責任の一部免除

(iii) 決算の承認

(ⅳ) 定款の変更

(ⅴ) 監事の報酬

(ⅵ) 評議員、理事、監事の報酬の基準の承認

(ⅶ) 法人の解散、清算、合併

(ⅷ) 定款で定めた事項

3 評議員の選任・解任及び任期

ア 評議員の選任・解任方法

評議員の選任・解任方法については、改正法上、社会福祉法人が定款に定め、所轄庁の認可を受けることとされています。

しかしながら、理事・理事会が評議員を選任・解任する旨を定めることは認められませんのでご注意ください。

評議員の選任方法の例としては、評議員選任のための機関を設置し、その機関が選任する方法や、評議員会の決議によって選任する方法が考えられます。

イ 評議員の定数

評議員の定数は、定款で定めた理事の定数を超える数でないといけません。そのため、理事の定数が法律上最低必要な6人であれば、評議員の定数は7人以上ということになります。

法律上、評議員となることができない者は、以下のとおりです（改正法40①）。

＜評議員の欠格事由＞

(ⅰ) 法人

(ⅱ) 成年被後見人または被保佐人

(ⅲ) 生活保護法、児童福祉法、老人福祉法、身体障害者福祉法、また

第2節 詳論—経営組織のガバナンスの強化 61

は社会福祉法に違反して刑に処せられ、その執行を終わり、または執行を受けることがなくなるまでの者

(ⅳ) 禁錮以上の刑に処せられ、その執行を終わり、または執行を受けることがなくなるまでの者

(ⅴ) 所轄庁の解散命令により解散を命ぜられた社会福祉法人の解散当時の役員

　法律上、評議員は、社会福祉法人の適正な運営に必要な識見を有する者のうちから、選任するとされています（改正法 39）。

　社会福祉法人の適正な運営に必要な識見を有すると考えられる人材の例は以下のとおりです（「社会福祉法人改革について（厚生労働省資料）平成 28 年 1 月」17 頁）。

〈社会福祉法人の適正な運営に必要な識見を有する人材の例〉
◆社会福祉事業や学校などその他の公益的な事業の経営者
◆社会福祉に関する学識経験者（大学教員等）
◆社会福祉法人に関与した経験のある弁護士、公認会計士、税理士等
◆地域の福祉関係者（民生委員・児童委員等）
◆社会福祉法人職員 OB（退職後一定期間を経過した者）
◆地域の経済団体が適切な者として推薦する者
　など

　また、評議員の選任に当たり、次のような制約が課されています（改正法 40 ②〜⑤）。

(ⅰ) 評議員は、法人の役員（理事・監事）またはその職員を兼ねることができない

（ii）　評議員の数は、定数で定めた理事の員数を超える数でなければならない

（iii）　評議員のうち、各評議員について、その配偶者または三親等内の親族その他厚生労働省令で定める特殊の関係があるものが含まれてはならない

（iv）　評議員のうち、各役員について、その配偶者または三親等内の親族その他厚生労働省令で定める特殊の関係があるものが含まれてはならない

ウ　評議員の任期

　評議員の任期は、選任後4年以内に終了する会計年度のうち最終のものに関する定時評議員会の終結の時までとされます。定款によって、上記任期を「4年以内」から「6年以内」に伸長することも可能です。

４　評議員の報酬

　評議員の報酬の額は、定款で定めなければなりません。

　社会福祉法人は、評議員に対する報酬等について、厚生労働省令で定めるところにより、民間事業者の役員の報酬等および従業員の給与、当該社会福祉法人の経理の状況その他の事情を考慮して、不当に高額なものとならないような支給の基準を定めなければなりません。

　この報酬等の支給の基準は、評議員会の承認を受けなければならず、基準を変更しようとするときも同様です。

５　評議員の義務・権限

ア　善管注意義務

　すべての評議員は、まず法人に対し、善管注意義務を負っています。

　「善管注意義務」とは、「委任の本旨に従い、善良な管理者の注意をもって、委任事務を処理する義務」の略であり、具体的には、法人の管理者として一般に期待される水準の注意義務、とされます（善管注意義務につい

第2節　詳論─経営組織のガバナンスの強化　　63

ては、後述コラム⑥参照）。

イ　評議員による理事の行為の差し止め

　評議員は、理事が法令もしくは定款に違反する行為をし、またはこれらの行為をするおそれがある場合において、当該行為によって当該社会福祉法人に回復することができない損害が生ずるおそれがあるときは、当該理事に対し、当該行為をやめることを請求することができます。

ウ　評議員提案権

　評議員は、理事に対し、一定の事項を評議員会の目的とすることを請求することができます。この場合において、その請求は、評議員会の日の4週間（これを下回る期間を定款で定めた場合にあっては、その期間）前までにしなければなりません。

　また、評議員は、評議員会において、評議員会の目的である事項につき議案を提出することができます。

　ただし、当該議案が法令もしくは定款に違反する場合または実質的に同一の議案につき評議員会において議決に加わることができる評議員の10分の1（これを下回る割合を定款で定めた場合にあっては、その割合）以上の賛成を得られなかった日から3年を経過していない場合は、できません。

エ　評議員会への報告の省略

　理事が評議員の全員に対して評議員会に報告すべき事項を通知した場合において、当該事項を評議員会に報告することを要しないことにつき評議員の全員が書面または電磁的記録により同意の意思表示をしたときは、当該事項の評議員会への報告があったものとみなします。

コラム ❻　善管注意義務の具体的な内容

　善管注意義務違反とされるものは何かについては、事案によって様々で、一義的に定義はできませんが、善管注意義務の具体的内容として、次のようなものがありますので、ご参考になさってください。

（i）法令や定款を遵守する義務

評議員、理事、監事、または会計監査人は、法令や定款を遵守する義務を負います。

ここでいう「法令」には、刑法や行政法などすべての法令が含まれます。

（ii）業務の執行を適正に行う義務

理事（特に業務執行権のある理事）、監事または会計監査人は、業務の執行を適正に行う義務があり、業務執行上の判断を誤った場合には善管注意義務違反に問われる可能性があります。

（iii）他の理事や使用人・従業員を監視する義務

評議員は、理事（理事会）を監督し、法定の要件を満たす場合に、理事を解任する義務を負います。

そして、理事が法令もしくは定款に違反する行為をし、又はこれらの行為をするおそれがある場合において、当該行為によって当該社会福祉法人に回復することができない損害が生ずるおそれがあるときは、当該理事に対し、当該行為をやめることを請求することができますし、そうすることが求められています。

理事は、法人全体の業務に関し社会福祉法人に不利益が生じることを防止するため、他の理事や使用人・従業員を監督・監視する義務を負います。

そして、社会福祉法人に著しい損害を及ぼすおそれのある事実があることを発見した場合には、直ちにその事実を監事に報告する義務があります。

6 評議員会の運営

ア 評議員会の招集

定時評議員会は、毎会計年度の終了後一定の時期に招集しなければなりません。

評議員会は、必要がある場合には、いつでも招集することができ、原則的には、理事が招集します。

評議員は理事に対し、評議員会の目的である事項および招集の理由を示して、評議員会の招集を請求することができます。

第2節 詳論─経営組織のガバナンスの強化　65

この請求の後、遅滞なく招集の手続が行われない場合や、この請求があった日から6週間（これを下回る期間を定款で定めた場合には、その期間）以内の日を評議員会の日とする評議員会の招集の通知が発せられない場合には、この請求をした評議員は、所轄庁の許可を得て、例外的に評議員会を招集することができます。

イ　評議員会の決議

評議員会の決議は、議決に加わることのできる評議員の過半数（これを上回る割合を定款で定めた場合にあっては、その割合以上）が出席し、その過半数（これを上回る割合を定款で定めた場合にあっては、その割合以上）をもって行います。

ただし、次に掲げる評議員の決議は、議決に加わることができる評議員の3分の2（これを上回る割合を定款で定めた場合にあっては、その割合）以上に当たる多数をもって行わなければなりません（「特別決議」といいます。改正法45の9⑦）。

〈特別決議事項〉

(ⅰ)　監事の解任

(ⅱ)　社会福祉法人に対する役員、会計監査人、又は評議員の損害賠償責任の一部免除

(ⅲ)　定款の変更

(ⅳ)　解散

(ⅴ)　吸収合併契約、新設合併契約の承認

評議員会は、「評議員会の目的である事項」以外の事項については、決議をすることができません。

ただし、会計監査人の出席を求めることについては、評議員会の目的事項とされていなくても決議をすることができます。

7 評議員会に出席困難な場合

ア 代理人による議決権行使

評議員は、その個人的な能力や資質に着目し、法人運営を任されており自ら評議員会に出席し、議決権を行使することが求められます。そのため、代理人を通じて議決権を行使することはできません。

イ 書面投票・電子投票

評議員会における協議や意見交換に参加していない評議員が、その協議や意見交換の内容を知らずに、事前に書面投票や電子投票をするというのは、責任ある議決権の行使とはいえません。そのため、書面投票や電子投票もできません。

ウ テレビ会議・電話会議

評議員会における協議や意見交換に参加できるのであれば、テレビ会議や電話会議の方法により評議員会を開催することは可能であると考えられます。

エ 評議員会の決議の省略

理事が評議員会の目的である事項について提案をした場合において、当該提案につき評議員の全員が書面または電磁的方法（メール等）により同意の意思表示をしたときは、当該提案を可決する旨の評議員会の決議があったものとみなされます。

この方法により、定時評議員会の目的である事項のすべてについての提案を可決する旨の評議員会の決議があったものとみなされた場合には、その時に当該定時評議員会が終結したものとみなされます。

8 評議員の刑事責任

評議員の刑事責任に関する規定として、社会福祉法上、特別背任罪、贈収賄罪があり、社会福祉法上の罪以外にも刑法等の罪に問われることもあります。

第2節　詳論—経営組織のガバナンスの強化　67

ア　特別背任罪（改正法130の2①）

　評議員が、自己もしくは第三者の利益を図りまたは社会福祉法人に損害を加える目的で、その任務に背く行為をし、当該社会福祉法人に財産上の損害を加えたときは、7年以下の懲役もしくは500万円以下の罰金に処し、又はこれを併科（懲役刑と罰金刑が併せて科される）されます。

イ　贈収賄罪（改正法130の3）

　評議員が、その職務に関し、不正の請託（不正の行為をすることを依頼すること）を受けて、財産上の利益を収受し、またはその要求もしくは約束をしたときは、5年以下の懲役または500万円以下の罰金に処されます。

ウ　社会福祉法上の罪以外の罪

　評議員には、刑法その他の法律に規定された罰則ももちろん適用されます。例えば、評議員が法人の財産を着服した場合、刑法の業務上横領罪が適用されることもありますし、法人を騙して財産上の処分をさせた場合には、刑法の詐欺罪が適用されることもあります。

(2)　理事・理事長・理事会

1　理事とは？

　理事とは、法人の必置機関である理事会の構成員のことです。

　理事と法人との関係は、委任契約の関係にあります。すなわち、理事は、法人の構成員ではなく、法人から、理事としての職務を委ねられた、という関係にあるのです。

　理事は、6名以上の理事からなる理事会に出席し、理事会において業務執行の意思決定を行います。

　具体的な業務執行は理事長または業務執行理事が行い、その他の理事は、理事会の構成員として適切に議決権を行使し、互いに理事の職務を監督することが求められています。

2　理事会とは？

　理事会とは、すべての理事で構成され、法人の業務執行の決定、各理事の職務の執行の監督および理事長の選定等を行う合議体の必置機関です。

　理事会では、以下の職務を行います（改正法45の13）。

（i）　社会福祉法人の業務執行の決定

（ii）　理事の職務の執行の監督

（iii）　理事長の選定および解職

　理事会は、次に掲げる事項、およびその他の重要な業務執行の決定を理事に委任することができません（改正法45の13④）。

（i）　重要な財産の処分および譲受け

（ii）　多額の借財

（iii）　重要な役割を担う職員の選任および解任

（iv）　従たる事務所その他の重要な組織の設置、変更および廃止

（v）　理事の職務の執行が法令および定款に適合することを確保するための体制その他社会福祉法人の業務の適正を確保するために必要なものとして厚生労働省令で定める体制の整備

（vi）　役員等および評議員の任務懈怠による社会福祉法人に対する損害賠償責任を一定の場合に免除することができる旨を定めた定款に基づく損害賠償責任の免除

3　理事長、業務執行理事といわゆる平理事との違い

　理事長とは、理事会で理事の中から1名選定され、理事のうち、社会福祉法人の代表権を有する理事のことです。

　理事長は、社会福祉法人の業務に関する一切の裁判上または裁判外の行

為をする権限を有しています。業務執行理事とは、理事長以外の理事であって、理事会の決議によって社会福祉法人の業務を執行する理事として選定された者です。理事長とは異なり、社会福祉法人の代表権は有しません。

理事長および業務執行理事以外の理事（いわゆる平理事）は、社会福祉法人の代表権を有しません。また、理事長および業務執行理事以外の理事には業務執行権はありません。

4　理事の選任・解任および任期

ア　理事の選任方法

理事は、評議員会の決議によって選任されます。

理事会によって、理事を選任することができる旨を定款で定めたとしても、当該規定は無効です。

もっとも、理事会が理事候補者名簿を作成して評議員に提供することは、評議員会の理事の選任権を侵害しない限り、問題ありません。

法律上、理事となることができない者は、以下のとおりです（改正法44 ①、40 ①）。

〈理事の欠格事由〉

(i)　法人

(ii)　成年被後見人または被保佐人

(iii)　生活保護法、児童福祉法、老人福祉法、身体障害者福祉法、または社会福祉法に違反して刑に処せられ、その執行を終わり、または執行を受けることがなくなるまでの者

(iv)　禁錮以上の刑に処せられ、その執行を終わり、または執行を受けることがなくなるまでの者

(v)　所轄庁の解散命令により解散を命ぜられた社会福祉法人の解散当時の役員

70　第2章　法務はこう変わる

法律上、理事のうちには、次に掲げる者が含まれてなければいけません（改正法44）。

（i）　社会福祉事業の経営に関する識見を有する者

（ii）　当該社会福祉法人が行う事業の区域における福祉に関する実情に通じている者

（iii）　当該社会福祉法人が施設を設置している場合にあっては、当該施設の管理者

また、理事の選任に当たり、次のような制約が課されています。

　理事のうちには、各理事について、その配偶者もしくは三親等以内の親族その他理事と厚生労働省令で定める特殊の関係がある者が3人を超えて含まれ、または、当該理事ならびにその配偶者および三親等以内の親族その他各理事と厚生労働省令で定める特殊の関係があるものが理事の総数の3分の1を超えて含まれることになってはならない。

イ　理事の定数

　理事の定数は、法律上6人以上である必要があります。

ウ　理事の任期

　理事の任期は、選任後2年以内に終了する会計年度のうち最終のものに関する定時評議員会の終結の時までとされます。

　定款によって、その任期を短縮することも可能です。

エ　理事の解任

　理事は、以下の場合、評議員会の決議によって解任されます。

第2節　詳論—経営組織のガバナンスの強化　　71

> (ⅰ) 職務上の義務に違反し、または職務を怠ったとき
>
> (ⅱ) 心身の故障のため、職務の執行に支障があり、またはこれに堪え
> ないとき

5　理事の報酬

　理事の報酬の額は、定款で定めるか、定めていなければ評議員会の決議
によって定めます。

　社会福祉法人は、理事に対する報酬等について、厚生労働省令で定める
ところにより、民間事業者の役員の報酬等および従業員の給与、当該社会
福祉法人の経理の状況その他の事情を考慮して、不当に高額なものとなら
ないような支給の基準を定めなければなりません。

　この報酬等の支給の基準は、評議員会の承認を受けなければならず、基
準を変更しようとするときも同様です。

　社会福祉法人は、評議員の承認を受けた報酬等の支給の基準に従って、
理事に対する報酬等を支給しなければいけません。

6　兼務理事の使用人給与

　評議員とは異なり、理事は、法人の職員（使用人）を兼務することを禁
止されていません。そのため、使用人を兼ねる理事が存在する場合があり
ます。

　この場合、理事の報酬部分については、上述したとおり、その決定は定
款で定めるか、評議員会の決議によって決める必要があります。

　他方、使用人としての給与の部分については、使用人として受ける給与
の体系が給与規程などにより社会福祉法人において明確に確立されており、
かつ、使用人として受ける給与がそれによって支給されているのであれば、
評議員会等の決議を別途行う必要まではないと考えられます（株式会社の
取締役に関する事例についての最高裁昭和60年3月26日判決参照）。

ただし、同一人が、常勤の常務理事としての職務と常勤の使用人の職務の文字通り2人分を遂行できるとは思えないので、理事としての報酬満額と使用人としての給与を単純に合算するのではなく調整すべきであるという考え方は出てくると思われます。

7 理事の義務・権限

ア　善管注意義務

すべての理事は、まず法人に対し、善管注意義務を負っています。

イ　忠実義務

理事は、社会福祉法人のために忠実に職務を行うという忠実義務も負っています。この義務の具体的な表れが、以下の「競業及び利益相反取引の制限」であると考えられています。

ウ　競業避止義務

理事は、理事が自己または第三者のために当該社会福祉法人の行っている事業と類似の事業（競業取引）をしようとする場合は、理事会の承認を受けなければいけないという競業避止義務を負っています。

エ　利益相反取引の制限

理事は、理事が自己または第三者のために当該社会福祉法人と取引をしようとするとき、または、当該社会福祉法人が理事の債務を保証することその他理事以外の者との間において当該社会福祉法人と当該理事との利益が相反する取引をしようとするときは、理事会において、当該取引についての重要な事実を開示し、その承認を受けなければならないという利益相反取引に関する義務を負っています。

オ　理事の報告義務

理事は、社会福祉法人に著しい損害を及ぼすおそれのある事実があることを発見したときは、直ちに、当該事実を監事に報告しなければなりません。

第2節　詳論─経営組織のガバナンスの強化　73

カ　理事の説明義務

　理事は、評議員会において、評議員から特定の事項について説明を求められた場合には、当該事項について必要な説明をしなければなりません。

　ただし、当該事項が評議員会の目的である事項に関しないものである場合その他正当な理由がある場合として厚生労働省令で定める場合は、この限りではありません。

キ　理事長および業務執行理事の理事会への報告義務

　理事長および業務執行理事は、3か月に1回以上、自己の職務の執行の状況を理事会に報告しなければなりません。

　ただし、定款で、毎会計年度に4か月を超える間隔で2回以上その報告をしなければならない旨を定めた場合は、この限りではありません。

8 理事会の運営

ア　理事会の招集

　理事会を招集する理事を定款または理事会で定めた場合（この場合の定款または理事会で定められた理事を「招集権者」といいます）を除き、理事会は各理事が招集します。

　招集権者を定めた場合には、招集権者以外の理事は、招集権者に対し、理事会の目的である事項を示して、理事会の招集を請求することができます。

　この請求があった日から5日以内に、その請求があった日から2週間以内の日を理事会の日とする理事会の招集の通知が発せられない場合には、この請求をした理事は、理事会を招集することができます。

イ　理事会の決議

　理事会の決議は、議決に加わることのできる理事の過半数（これを上回る割合を定款で定めた場合にあっては、その割合以上）が出席し、その過半数（これを上回る割合を定款で定めた場合にあっては、その割合以上）をもって行います。

理事会の議事については、厚生労働省令で定めるところにより、議事録を作成し、出席した理事（定款で議事録に署名し、または記名押印しなければならない者を当該理事会に出席した理事長とする旨の定めがある場合には、当該理事長）および監事はこれに署名し、または記名押印しなければなりません。

ウ　理事会への報告の省略

理事が理事および監事の全員に対して理事会に報告すべき事項を通知したときは、当該事項を理事会へ報告することを要しません。

⑨　理事会に出席困難な場合

ア　代理人による議決権行使

理事は、その個人的な能力や資質に着目し、法人運営を任されており、自ら理事会に出席し、議決権を行使することが求められます。そのため、代理人を通じて議決権を行使することはできません。

イ　書面投票・電子投票

理事会における協議や意見交換に参加していない理事が、その協議や意見交換の内容を知らずに、事前に書面投票や電子投票をするというのは、責任ある議決権の行使とはいえません。そのため、書面投票や電子投票もできません。

ウ　テレビ会議・電話会議

理事会における協議や意見交換に参加できるのであれば、テレビ会議や電話会議の方法により理事会を開催することは可能であると考えられます。

エ　理事会の決議の省略

理事が理事会の目的である事項について提案をした場合において、当該提案につき理事の全員が書面または電磁的方法（メール等）により同意の意思表示をしたときは、当該提案を可決する旨の理事会の決議があったものとみなす旨を定款で定めることができます。

第2節　詳論─経営組織のガバナンスの強化　75

⓾ 理事の刑事責任

理事の刑事責任に関する規定として、社会福祉法上、特別背任罪、贈収賄罪があり、社会福祉法上の罪以外にも刑法等の罪に問われることもあります。

ア　特別背任罪（改正法 130 の 2 ①）

理事が、自己もしくは第三者の利益を図りまたは社会福祉法人に損害を加える目的で、その任務に背く行為をし、当該社会福祉法人に財産上の損害を加えたときは、7 年以下の懲役もしくは 500 万円以下の罰金に処し、またはこれを併科（懲役刑と罰金刑が併せて科される）されます。

イ　贈収賄罪（改正法 130 の 3）

理事が、その職務に関し、不正の請託（不正の行為をすることを依頼すること）を受けて、財産上の利益を収受し、またはその要求もしくは約束をしたときは、5 年以下の懲役または 500 万円以下の罰金に処されます。

ウ　社会福祉法上の罪以外の罪

理事には、刑法その他の法律に規定された罰則ももちろん適用されます。例えば、理事が法人の財産を着服した場合、刑法の業務上横領罪が適用されることもありますし、法人を騙して財産上の処分をさせた場合には、刑法の詐欺罪が適用されることもあります。

コラム ❼ 理事会決議の議事録記載方法

理事会の議事録の中には、

(ⅰ) 議事の経過の要領（理事会の開会、提案、協議の要領、討議の内容、表決の方法、理事会の閉会、など）
(ⅱ) 議事の結果

について記載することが求められると考えられます（詳細は今後の厚生労働省令に委ねられます）。

出席理事の全員一致の場合には、特に問題はなく、「出席理事全員異議なく承認可決された」と記載します。

反対者がいた場合も、一般的には、理事会の決議は出席理事の過半数をもって決することとされていますので、全員一致でない場合は、「出席理事の賛成多数で承認可決された」と記載されます。そのため、反対した理事は、自ら議事録に異議をとどめないと、賛成したものと推定されることになります（改正法 45 の 14 ⑧）。

議事録に異議をとどめるには、

(ⅰ) 議事録作成担当者にその旨を記載することをあらかじめ指示しておいたり（この場合の議事の結果は、「第〇号議案については、採決の結果、理事〇〇は反対したが、その他の理事は全員賛成したので、賛成多数により承認可決された」というような記載がされます。議事録上反対理由が明らかになることも求められます）、

あるいは、

(ⅱ) 議事録に署名または記名押印したりするときに「第〇号議案については反対した」と付記するなどの方法をとる

ことが必要となります。

自分は反対したのに、賛成多数で承認可決された理事会決議に基づき、各理事が損害賠償責任を負う場合に備えて、覚えておくと良いでしょう。

第 2 節　詳論—経営組織のガバナンスの強化　　77

(3) 監事

■ 監事の選任

監事の選任が、必置機関である評議員会の権限であることが明記されました（改正法43①）。改正法の下では、監事の選任権が、監事監査の対象となる理事に帰属するという解釈運用は成り立ちません。

そして、理事が監事の選任に関する議案を評議員会に提案するには、監事の過半数の同意を得ることが義務付けられることになりました。また、監事は、評議員会において、意見を述べることができるだけでなく、理事に対し、監事の選任を評議員会の目的とすることまたは監事の選任に関する議案を評議員会に提出することを請求することができます。

② 監事の資格等

ア　監事の資格

法律上、監事となることができない者は、以下のとおりです（改正法44①、40①）。

〈監事の欠格事由〉

(i)　法人

(ii)　成年被後見人または被保佐人

(iii)　生活保護法、児童福祉法、老人福祉法、身体障害者福祉法、または社会福祉法に違反して刑に処せられ、その執行を終わり、または執行を受けることがなくなるまでの者

(iv)　禁錮以上の刑に処せられ、その執行を終わり、または執行を受けることがなくなるまでの者

(v)　所轄庁の解散命令により解散を命ぜられた社会福祉法人の解散当時の役員

78　第2章　法務はこう変わる

改正前は、監事として適切な人材不足や一部法人による不適切な運営実態といった事実上の制約により、理事の職務執行に対する監査や財産状況に対するチェックは十分であるとは言い難い状況でした。

　改正後は、監事に「人」を得るという立場から、監事のうちには、新たに「社会福祉事業について識見を有する者」または「財務管理について識見を有する者」が含まれなければならないとしました（改正法第44⑤）。

イ　監事の員数

　今回の改正により、監事の定数は、従来の1人以上から「2人以上」に増員されましたから、監事のいずれかは、上記識見を有することが選任の条件となりました（改正法44③）。

ウ　役員の親族等でないこと

　職務の中立性を確保するために、一定の親族が役員（理事、監事）に就任している場合には、監事に就任することはできません。すなわち、監事は役員の配偶者または三親等以内の親族その他各役員と厚生労働省令で定める特殊の関係のないことが必要です。

エ　兼任禁止

　旧法では兼任禁止の対象は、「理事、評議員、又は当該社会福祉法人の職員」とされており、改正法では「評議員」が外れていますが、評議員の定めの中に「役員」との兼任禁止が定められており、従来と変わるところはありません（改正法44②、40②）。

3　監事の任期

　監事の任期は、理事と同様に選任後2年以内に終了する会計年度のうち最終のものに関する定時評議員会の終結の時までであり、定款で短縮することも可能です。

4　監事の解任等

　監事の解任権が必置機関である評議員会の権限であることが明記されました。監事の解任に際しても、当該監事は、評議員会で自己の意見を述べ

第2節　詳論—経営組織のガバナンスの強化　　79

ることができます。

　また、解任事由が明文化されました。すなわち「職務上の義務に違反し、又は職務を怠ったとき」、か「心身の故障のため、職務の執行に支障があり、又はこれに堪えないとき」でなければ監事が解任されることはありません（改正法45の4一、二）。

　そして、監事の解任は、評議員会にとっての特別決議事項であり、議決に加わることができる評議員の3分の2以上に当たる多数をもって行わなければならないとされています。

　また、監事の辞任の場合も、辞任とは名ばかりで実質的には解任に当たると評価される場合を慮り、辞任の場合も当該監事は評議員会において意見を述べることができるとされています。

5　監事の報酬および費用請求

ア　監事の報酬の決定

　監事の報酬は、定款でその額を定めていないときは評議員会で定めることとなりました。また、監事は評議員会で、報酬について意見を述べることができます。

イ　報酬の支払基準の策定と公表

　適正かつ公正な支出管理を徹底する趣旨から、監事を含む報酬の支給基準を定め、これを公表することにしました。

ウ　監事の費用の請求

　監事は、費用の前払の請求、支出費用の請求などを社会福祉法人に対してできます。社会福祉法人は、その費用などが当該監事の職務執行に必要でないことを証明した場合を除き、これを拒むことはできません。

6　監事の職務

ア　職務の内容

　監事は、各会計年度に係る計算書類（貸借対照表および収支計算書）および事業報告ならびにこれらの附属明細書を監査しなければなりません。監

80　　第2章　法務はこう変わる

査終了後、監事は理事会の承認を受けるべく、これらの結果を理事会に提出します。

イ　権限

　監事は、いつでも理事や法人の職員に対して事業の報告を求めたり、自ら法人の業務や財産の状況の調査をすることができます。

ウ　理事会への報告義務

　監事は、理事の不正行為や不正の行為をするおそれがあると認めるとき、または法令もしくは定款に違反する事実もしくは著しく不当な事実があると認めるときは、遅滞なくその旨を理事会に報告しなければなりません。

エ　理事会への出席義務

　監事は、理事会に出席し、必要があると認めるときは、意見を述べる義務があります。この場合には監事に理事会の招集権が認められます。

オ　評議員会での説明義務

　監事は、評議員会において、評議員から特定の事項について説明を求められた場合には、当該事項について必要な説明をする義務があります。ただし、当該事項が評議員会の目的である事項に関しないものである場合その他正当な理由がある場合として厚生労働省令に定める場合には、義務は免除されます。

カ　評議員会への報告義務

　監事は理事が評議員会に提出しようとする議案、書類その他厚生労働省令で定めるものを調査しなければならず、その場合において、法令もしくは定款に違反し、または著しく不当な事項があると認めるときは、その調査の結果を評議員会に報告しなければなりません。

キ　理事の行為の差止め

　監事は、理事が社会福祉法人の目的の範囲外の行為その他法令もしくは定款に違反する行為をし、またはこれらの行為をするおそれがある場合において、当該行為によって当該社会福祉法人に著しい損害が生ずるおそれ

があるときは、当該理事に対し、当該行為をやめるよう請求することができます。裁判所が仮処分をもって当該行為の差止めを命じる場合には、裁判所は担保を立てさせないと定められています。

ク　会計監査人の選任・解任・不再任への関与

　監事は、その過半数をもって、評議員会に提出する会計監査人の選任および解任ならびに会計監査人を再任しないことに関する議案の内容を決定します。

　また、監事は、次のいずれかに該当するときは当該会計監査人を解任することができます。この解任は、監事の全員の同意によって行わなければなりません（改正法45の5①）。

> (i)　職務上の義務に違反し、または職務を怠ったとき
> (ii)　会計監査人としてふさわしくない非行があったとき
> (iii)　心身の故障のため、職務の執行に支障があり、またはこれに堪えないとき

　この場合には、監事の互選によって定めた監事が、その旨および解任の理由を解任後最初に招集される評議員会に報告しなければなりません。

ケ　社会福祉法人の代表

　監事は、社会福祉法人と理事間の訴えにおいては、監事が法人を代表します。

> **コラム 8　監査役と監事**
>
> 　株式会社の監査役、医療法人の監事、社会福祉法人の監事は、いずれも法人との間に委任契約を結び、法人の業務執行を監査する点で共通します。
>
> 　異なるのは、法人の目的による違いを反映した業務内容です。
>
> 　株式会社は営利法人ですので、経営の専門家である取締役に大きな権限と裁量が与えられます。経営陣の行き過ぎをチェックする監査役は、実は取締役以上に経営に精通していることが求められます。なぜなら、経営陣の手法を知らずして、適切なチェックを行うことはできないからです。
>
> 　これに対し、医療法人、社会福祉法人はともに非営利法人です。そして、医療・社会福祉サービスには、多額の社会保障関係費として公費が投入されています。それだけに公共的サービス提供の担い手である両法人の財産状況の監査は重要です。直近の改正でも、ともに経営の透明性の確保およびガバナンスの強化が謳われています。
>
> 　したがって、監事には、公金が適切に管理運用されているかどうかといった視点からの業務遂行も求められるのです。

⑷　会計監査人

■　会計監査人の設置

ア　制度の概要

　会計監査人の制度は、職業的専門家による会計監査の制度です。

　社会福祉法人は、定款の定めによって、会計監査人を置くことができます。

イ　設置義務

　特定社会福祉法人は、会計監査人を置かなければなりません。

　その事業の規模については、政令で定めることとなっていますが、社会保障審議会福祉部会報告書では次の要件のいずれかに該当する法人とすることが適当とされています。

第2節　詳論―経営組織のガバナンスの強化　83

> 〈会計監査人の設置を義務付ける法人の範囲〉
>
> ・収益（事業活動計算におけるサービス活動収益）が 10 億円以上の法人
>
>   （当初は 10 億円以上の法人とし、段階的に対象範囲を拡大）
>
> ・負債（賃借対照表における負債）が 20 億円以上の法人

2　会計監査人の選任

ア　手続

　会計監査人は、評議員会の決議により選任されます。

　評議員会に提出する会計監査人の選任の議案の内容は、監事の過半数をもって決定します。

イ　その他

　会計監査人は、会計監査人の選任について、評議員会に出席して意見を述べることができます。

　会計監査人が欠けた場合または定款で定めた会計監査人の員数が欠けた場合において、遅滞なく会計監査人が選任されないときは、監事は、一時会計監査人の職務を行うべきものを選任しなければなりません。

3　会計監査人の資格

　会計監査人は、公認会計士または監査法人でなければなりません。

　会計監査人に選任された監査法人は、その社員の中から会計監査人の職務を行うべき者を選定し、これを社会福祉法人に通知しなければなりません。

　監査対象となる社会福祉法人からの独立性を維持する等の目的から、公認会計士法の規定により、計算書類（貸借対照表および収支計算書）について監査をすることができない者は、会計監査人となることができません。

> **コラム ❾ 公認会計士または監査法人による会計監査人監査**
>
> 　従前は、透明性の確保を図ることを目的として、公認会計士法第2条第1項に基づく財務書類の監査および証明に該当する者に限らず、広く税理士その他の会計の専門家や社会福祉事業について学識経験を有する者による監査の実施が推奨されてきました。
>
> 　この度の法改正で、今後は、会計監査人による監査となり、会計監査人の資格は、公認会計士または監査法人に限定されました。公認会計士または監査法人による監査は、一般に公正妥当と認められる監査の基準に準拠して行われる点に特徴があります。
>
> 　一般に公正妥当と認められる監査の基準には、金融庁の企業会計審議会により定められた「監査基準」、「品質管理基準」および公認会計士協会の「監査実務指針」があります（公認会計士協会ホームページ 参照）。
>
> 　「監査基準」は、すべての公認会計士が財務諸表監査において準拠すべきもので、「品質管理基準」は、公認会計士の監査業務の質を確保するための基準を定めたものです。「監査実務指針」は、「監査基準」および「品質管理基準」に対応したより具体的な指針であり、「実務指針」と「委員会報告」等からなる、監査実務局面の様々な対応を示したものです。

④　会計監査人の任期

　会計監査人の任期は、選任後1年以内に終了する会計年度のうち、最終のものに関する定時評議員会の終結の時までですが、この評議員会で別段の決議がなされなければ再任されたものとみなされます。

　もっとも、会計監査人設置社会福祉法人（会計監査人を置く社会福祉法人またはこの法律の規定により、会計監査人を置かなければならない社会福祉法人をいいます）が会計監査人を置く旨の定款の定めを廃止する定款の変更をした場合には、会計監査人の任期は、当該定款の変更の効力が生じた時に満了します。

⑤　会計監査人の解任等

ア　評議員会の決議による場合

　評議員会は、次のいずれかに該当するときは、会計監査人を評議員会の

決議により解任できます。

（ i ） 職務上の義務に違反し、または職務を怠ったとき

（ ii ） 会計監査人としてふさわしくない非行があったとき

（ iii ） 心身の故障のため、職務の執行に支障があり、またはこれに堪え
ないとき

評議員会に提出する会計監査人の解任および不再任の議案の内容は、監事の過半数をもって決定します。

イ　監事全員の同意による場合

また、監事も、上記評議員会決議による会計監査人の解任の場合と同じ要件により、監事全員の同意により会計監査人を解任できます。

監事全員の同意により会計監査人を解任した場合、監事の互選によって定めた監事は、会計監査人を解任した旨及び解任の理由を解任後最初に招集される評議員会に報告しなくてはなりません。

ウ　その他

会計監査人は、会計監査人の解任もしくは不再任または辞任について、評議員会に出席して意見を述べることができます。

6　会計監査人の報酬

会計監査人の報酬等は、定款・評議員会決議によって定める必要はありません。しかし、理事がこれを定める場合には、監事の過半数の同意が必要です。

7　会計監査人の職務

ア　職務の内容

会計監査人は、社会福祉法人の計算書類と計算書類の附属明細書を監査し、会計監査報告を作成します。

会計監査人は、財産目録、その他の厚生労働省令で定める書類も監査し

ます。

イ　権限

　会計監査人は、いつでも、会計帳簿またはこれに関する書類を閲覧および謄写をし、理事および社会福祉法人の職員に対し、会計に関する報告を求めることができます。

　また、会計監査人は、その職務を行うため必要があるときは、社会福祉法人の業務および財産の状況につき調査をすることができます。

ウ　業務従事者の制限

　会計監査人は、その職務を行うに当たり、次のいずれかに該当する者を使って業務を行うことはできません。

（i）　公認会計士法により会計監査を行うことができない者（法人と著しい利害関係を有する者等）

（ii）　その法人の理事、監事または職員

（iii）　その法人から公認会計士あるいは監査法人の業務以外の業務により継続的な報酬を受けている者

エ　監事への報告義務

　会計監査人は、その職務を行うに際して理事の職務の執行に関し不正の行為または法令もしくは定款に違反する重大な事実があることを発見したときは、遅滞なく、これを監事に報告しなければなりません。

オ　評議員会での意見陳述

　計算書類およびその附属明細書が法令または定款に適合するかどうかについて会計監査人が監事と意見を異にするときは、会計監査人は、定時評議員会に出席して意見を述べることができます。

　また、定時評議員会において会計監査人の出席を求める決議があったときは、会計監査人は、定時評議員会に出席して意見を述べなければなりま

せん。当該会計監査人の出席を求める議題については、事前に評議員会の目的である事項になっていなくても決議をすることができます。

8 会計監査人設置社会福祉法人の特則

会計監査人設置社会福祉法人については、理事会の決算承認を受けた計算書類が法令および定款に従い社会福祉法人の財産および収支の状況を正しく表示しているものとして厚生労働省令で定める要件に該当する場合には、定時評議員会の承認を受ける必要はなく、当該計算書類の内容を定時評議員会に報告すれば足ります。

2 役員等の責任

(1) 役員等の責任

1 評議員の責任

評議員が善管注意義務に違反し、法人に損害を与えた場合、任務を怠ったものとして、法人に対し損害賠償責任を負うことになります（改正法45の20①）。

また、悪意または重大な過失により（義務違反に該当する事実を知りながら、または、重大な不注意によって知らずに、という意味です）任務を怠り、第三者に損害を与えた場合は、その第三者に対して損害賠償責任を負うことになります（改正法45の21）。

2 理事の責任

理事が善管注意義務に違反し、法人に損害を与えた場合、任務を怠ったものとして、法人に対し損害賠償責任を負うことになります（改正法45の20①）。

また、悪意または重大な過失により（義務違反に該当する事実を知りながら、または、重大な不注意によって知らずに、という意味です）任務を怠り、

88　第2章　法務はこう変わる

第三者に損害を与えた場合は、その第三者に対して損害賠償責任を負うことになります（改正法45の21①）。

さらに、理事が次に掲げる行為をしたときも、当該行為をすることについて注意を怠らなかったことを証明したときを除いては、第三者に生じた損害を賠償する責任を負います（改正法45の21②）。

（ⅰ）　計算書類および事業報告ならびにこれらの附属明細書に記載し、または記録すべき重要な事項についての虚偽の記載または記録

（ⅱ）　虚偽の登記

（ⅲ）　虚偽の公告

---

③　監事の責任

監事が善管注意義務に違反し、法人に損害を与えた場合、任務を怠ったものとして、法人に対し損害賠償責任を負うことになります（改正法45の20①）。

また、悪意または重大な過失により任務を怠り、第三者に損害を与えた場合は、その第三者に対して損害賠償責任を負うことになります。

さらに、監事が次に掲げる行為をしたときも、当該行為をすることについて注意を怠らなかったことを証明したときを除いては、第三者に生じた損害を賠償する責任を負います（改正法45の21②二）。

　監査報告に記載し、または記録すべき重要な事項についての虚偽の記載または記録

---

④　会計監査人の責任

会計監査人が善管注意義務に違反し、法人に損害を与えた場合、任務を怠ったものとして、法人に対し損害賠償責任を負うことになります（改正

法 45 の 20 ①)。

また、悪意または重大な過失により任務を怠り、第三者に損害を与えた場合は、その第三者に対して損害賠償責任を負うことになります（改正法45 条の 21)。

さらに、会計監査人が次に掲げる行為をしたときも、当該行為をすることについて注意を怠らなかったことを証明したときを除いては、第三者に生じた損害を賠償する責任を負います（改正法 45 の 21 ②三)。

> 会計監査報告に記載し、または記録すべき重要な事項についての虚偽の記載または記録

(2) 各人の損害賠償責任を軽減する方法

以下の方法により、法人に対する各人（評議員、理事、監事、会計監査人）の損害賠償責任を減免することが可能です。

１ 総評議員の同意による全額の免除

総評議員の同意があれば、各人の法に対する損害賠償責任は免除されます。

２ 評議員会の決議による一部免除

各人が職務を行うにつき善意で（義務違反の事実について知らず）、かつ、（義務違反の事実について知らなかったことについて）重大な過失がない場合、評議員会の決議によって一部が免除されます。この場合の決議は、議決に加わることができる評議員の過半数が出席し、議決に加わることができる評議員の３分の２以上の賛成が必要です（特別決議）。この評議員会において、理事は次に掲げる事項を開示しなければなりません（改正法 45 の 9 ⑦二)。

90　第 2 章　法務はこう変わる

> (i) 責任の原因となった事実および賠償の責任を負う額
>
> (ii) 前項の規定により免除することができる額の限度およびその算定の根拠
>
> (iii) 責任を免除すべき理由および免除額

　また、各人が最低限支払わなければならない額（最低責任限度額といいます）は、各人の立場に応じて次のとおりとなります（改正法 45 の 9 ⑦二、法人法 113 ①）。

> 　各人がその在職中に社会福祉法人から職務執行の対価として受け、または受けるべき財産上の利益の 1 年間当たりの額に相当する額として厚生労働省令で定める方法により算定される額に、次のイからハまでに掲げる区分に応じ、当該イからハまでに定める数を乗じて得た額
>
> 　　イ　理事長　6（端的にいうと、年間報酬額の 6 年分）
>
> 　　ロ　理事長以外の理事であって、次に掲げるもの
>
> 　　　　　　4（端的にいうと、年間報酬額の 4 年分）
>
> 　　　(a)　理事会の決議によって社会福祉法人の業務を執行する理事として選定された者
>
> 　　　(b)　当該社会福祉法人の業務を執行した理事（(a) に掲げる理事を除く）
>
> 　　　(c)　当該社会福祉法人の使用人
>
> 　　ハ　理事（イおよびロに掲げるものを除く）、監事または会計監査人
>
> 　　　　　　2（端的に言うと、年間報酬額の 2 年分）

❸ 定款の定めに基づく理事会の決議による一部免除

定款であらかじめ定めることで、理事会の決議による一部免除が可能です。

具体的には、各人が職務を行うにつき善意で（義務違反の事実について知らず）、かつ、（義務違反の事実について知らなかったことについて）重大な過失がない場合において、責任の原因となった事実の内容、当該各人の職務の執行の状況、その他の事情を勘案して特に必要と認めるときは、賠償責任を負う額から上記❷の最低責任限度額を控除した額を限度として、理事会の決議によって免除することができる旨を定款で定めることができます。

❹ 責任限定契約

非業務執行理事（理事長、理事会決議により業務執行理事として選定された者、業務を執行したその他の理事および使用人でない理事）、監事または会計監査人の場合、当該非業務執行理事等が職務を行うにつき善意でかつ重大な過失がないときは、定款で定めた額の範囲内であらかじめ社会福祉法人が定めた額と最低責任限度額とのいずれか高い額を限度とする旨の契約を非業務執行理事等と締結することができる旨を定款で定めることができます。

3 各種訴え

(1) 社会福祉法人の組織に関する訴え

❶ 社会福祉法人の設立の無効の訴え

社会福祉法人の設立の無効は、社会福祉法人の成立の日から2年以内に、訴えをもってのみ主張することができます。

提訴をすることができるのは、社会福祉法人の評議員、理事、監事また

は清算人（以下、「評議員等」といいます）です。

　設立する社会福祉法人を被告とし、被告となる社会福祉法人の主たる事務所の所在地を管轄する地方裁判所が専属管轄裁判所となります。

　社会福祉法人設立無効の訴えに係る請求を認容する確定判決は、第三者に対してもその効力を有します。そして、当該判決において無効とされた当該設立は、将来に向かってその効力を失います。

　他方、原告が敗訴した場合において、原告に悪意または重大な過失があったときは、原告は、被告に対し、連帯して損害を賠償する責任を負います。

２　評議員会の決議の不存在もしくは無効の確認または取消しの訴え

　評議員会の決議については、決議が存在しないことの確認を、訴えをもって請求することができます。

　また、評議員会の決議については、決議の内容が法令に違反することを理由として、決議が無効であることの確認を、訴えをもって請求することができます。

　さらに、以下のいずれかの場合には、評議員等は、評議員会の決議の日から３か月以内に、訴えをもって当該決議の取消しを請求することができます。

(i) 　評議員会の招集の手続または決議の方法が法令もしくは定款に違反し、又は著しく不公正なとき

(ii) 　評議員会の決議の内容が定款に違反するとき

　この訴えの提起があった場合において、評議員会の招集の手続又は決議の方法が法令又は定款に違反するときであっても、裁判所は、その違反する事実が重大でなく、かつ、決議に影響を及ぼさないものであると認めるときは、この請求を棄却することができます（裁量棄却といいます）。

これらの訴えは、社会福祉法人を被告とし、被告となる社会福祉法人の主たる事務所の所在地を管轄する地方裁判所が専属管轄裁判所となります。

　評議員会の決議の不存在または無効の訴えについては、裁判所は、被告の申立てにより、当該一般社団法人等の組織に関する訴えを提起した債権者に対し、相当の担保を立てるべきことを命ずることができます。

　被告が当該申立てをするには、原告の訴えの提起が悪意によるものであることを疎明しなければなりません。

　請求を認容する確定判決は、第三者に対してもその効力を有します。

　他方、原告が敗訴した場合において、原告に悪意または重大な過失があったときは、原告は、被告に対し、連帯して損害を賠償する責任を負います。

❸　社会福祉法人の合併の無効の訴え

　社会福祉法人の合併の無効は、合併の効力が生じた日から6か月以内に、訴えをもってのみ主張することができます。

　提訴をすることができるのは、合併の効力が生じた日において合併当事者であった社会福祉法人の評議員等、破産管財人もしくは合併について承認をしなかった債権者です。

　吸収合併存続社会福祉法人または新設合併設立社会福祉法人を被告とし、被告となる社会福祉法人の主たる事務所の所在地を管轄する地方裁判所が専属管轄裁判所となります。

　裁判所は、被告の申立てにより、当該合併無効の訴えを提起した債権者に対し、相当の担保を立てるべきことを命ずることができます。

　被告が当該申立てをするには、原告の訴えの提起が悪意によるものであることを疎明しなければなりません。

　合併無効の訴えに係る請求を認容する確定判決は、第三者に対してもその効力を有します。そして、当該判決において無効とされた合併は、将来に向かってその効力を失います。

さらに、合併無効の認容判決が確定したときは、当該行為をした社会福祉法人は、当該合併の効力が生じた日以後に吸収合併存続社会福祉法人または新設合併設立社会福祉法人が負担した債務について、連帯して弁済する責任を負います。
　他方、原告が敗訴した場合において、原告に悪意または重大な過失があったときは、原告は、被告に対し、連帯して損害を賠償する責任を負います。

(2) 社会福祉法人の役員等の解任の訴え

　理事、監事または評議員（ここでは、「役員等」といいます）の職務の執行に関し不正の行為または法令もしくは定款に違反する重大な事実があったにもかかわらず、当該役員等を解任する旨の議案が評議員会において否決されたときは、評議員は、当該評議員会の日から30日以内に、訴えをもって当該役員等の解任を請求することができます。
　役員等の解任の訴えの被告は、当該社会福祉法人および当該役員等です。当該社会福祉法人の主たる事務所の所在地を管轄する地方裁判所が専属管轄裁判所となります。

4　小規模法人の経過措置

(1) 評議員の定数

　評議員の定数は、法律上、理事の員数を超える数であり、最低でも7人とすることが求められています。
　しかしながら、改正法の施行の際に存在する社会福祉法人であって、その事業規模が政令で定める基準を超えない法人については、施行日から起算して3年を経過するまでの間は、評議員の定数を4人以上とすること

ができます。

　政令で定める基準とは、1法人1施設の小規模法人を想定して策定される予定です。

　また、社会福祉法人が円滑に評議員の選任を行えるよう、評議員にふさわしい人材の例を具体的に、分かり易く示すことになっています。

　小規模法人について自治体や社会福祉協議会等が具体的に相談に応じ、評議員を確保する仕組みを設けることになっています。

 (2) 　会計監査人の設置

　特定社会福祉法人にのみ、会計監査人の設置が義務付けられます。

【図表-4】評議員を確保する仕組み

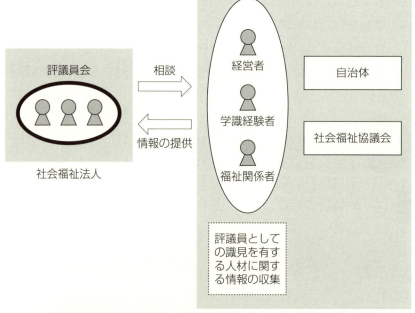

（出所：厚生労働省「社会福祉法人改革について　平成27年12月」18頁
　　　　の図を参考に作成）

政令で定める基準とは、収益10億円または負債20億円とすることが検討されており、そうなると社会福祉法人全体の約1割に当たることになります。

 (3) コンプライアンス（法令遵守等）の体制の整備

　その事業の規模が政令で定める基準を超える社会福祉法人においては、理事の職務の執行が法令および定款に適合することを確保するための体制その他社会福祉法人の業務の適正を確保するために必要なものとして厚生労働省令で定める体制の整備（いわゆる「コンプライアンス（法令遵守等）の体制の整備」）が義務付けられます。

　政令で定める基準とは、前述した会計監査人の設置義務と同じ基準とすることが検討されています。

第 3 章

財務はこう変わる

第 1 節 社会福祉法と社会福祉法人会計基準

1 一体としての改正の目的

(1) 会計処理の統一による簡素化・経営実態の明確化

　平成 12 年度以降に始まった介護保険制度導入の影響により、社会福祉法人の経営の自由度が増し、事業の効率性も求められるようになりました。これを受けて、平成 12 年 2 月に「社会福祉法人会計基準（旧会計基準）」が、厚生省の局長連名で通知され、同年 4 月から適用されました。

　しかし、この旧会計基準では下記のような問題点が指摘されており、これらを解決すべく平成 23 年 7 月に新たな社会福祉法人会計基準（新会計基準）が制定されました。

〈旧会計基準の問題点〉

① 複数の会計基準等が併存
◆旧会計基準の適用範囲は社会福祉事業に限られ、社会福祉事業の中でも他の会計ルールがあるものや公益事業および収益事業については、別に計算書類を作成しなければならない。 ◆介護事業については、「指導指針」との選択適用が容認。

⇩

② 計算処理結果および勘定科目が異なる

◆複数の事業を行っている法人の場合、事業の種別ごとに計算書類の様式や勘定科目が異なる

⇩

③ 法人全体での財務諸表の一元管理が困難で、事務処理が煩雑

◆法人全体の合算ができず、法人全体の財務状況・経営実態を的確に把握する事が困難

◆事務処理の煩雑さとそれに伴う処理ミスが増加

〈新会計基準による対応〉

① 会計ルールを簡素化（適用範囲の一元化）

◆新会計基準では社会福祉法人が行う全事業（社会福祉事業、公益事業、収益事業）を適用範囲とすることで、会計ルールを一元化

⇩

② 収益性・効率性など経営実態の明確化

◆法人全体の財務状況が明らかとなり、同一事業を行っている他法人との経営指標の実態比較や経営分析が可能

◆公益法人会計基準等に採用されている最新の会計手法（時価会計等）を取り入れることにより、法人の経営実態を正確に財務諸表に反映

コラム 10 イコールフッティングの考え方

　介護・保育分野は、営利法人と非営利法人が共存し、同種のサービスを提供する特殊な市場です。多様な経営主体がサービスの質を競い、利用者の利便が高まるよう、経営主体間のイコールフッティングを確立すべきとして、下記のような主張がなされています。

① 第一種社会福祉事業の経営主体は、原則、行政または社会福祉法人と定められていますが、多様な経営主体が参入して利用者の利便を高めることができるよう参入規制を緩和すべきではないか。

② 社会福祉法人に対しては、補助金や非課税措置などの財政上の優遇措置がとられています。株式会社やNPO法人が参入して同種の事業を展開している状況のため、経営主体間で異なる財政上の措置を見直すべきではないか。

(出所：厚生労働省「第6回 社会福祉法人の在り方等に関する検討会 資料1」)

　しかし、社会福祉法人が低所得者の負担軽減や、重度の要介護者を支える一定の機能を果たしているとともに、地域福祉のセーフティーネットとして大きな役割期待を担っている存在であることは間違いありません。

　以上を踏まえても、当然ながら、賛否両論のある難しい問題となっています。結局のところは、「仮に規制緩和を実施するとして、本当に利用者の利便性が向上するのか？」というのが、最も重要な点だと思われます。

(2) 改正社会福祉法の財務面での背景

■ 社会福祉法の改正の視点

　第2章でも述べましたが、社会福祉法が改正に至った背景として、下記のような大きな視点での課題がありました。

◆福祉ニーズが多様化・複雑化する中、社会福祉法人が期待される役割が重要となっており、高い公益性・非営利性を確保することが必要。

◆一部の不適切な法人運営の影響により、社会福祉法人全体の存在意義が問われており、国民に対する説明責任を果たすことが急務。

◆他の事業主体では対応できない福祉ニーズを満たし地域社会に貢献する。

第1節　社会福祉法と社会福祉法人会計基準　103

2 財務面での主な課題と対応

特に、財務面における社会福祉法改正に係る課題と対応としては、**図表-5**のとおりです。

【図表-5】財務面における課題と対応

項　目	課　題	対応・方向性
経営組織体制の整備	財務会計に対する法人内・外のチェックが不十分であり、財務諸表が不正確という実態	一定規模以上の社会福祉法人への会計監査人の設置義務化
透明性の確保	財務諸表等の公表は、通知による指導であったが、積極的に情報公開をし、社会的監視下に置くことが必要	閲覧対象書類の拡充と閲覧請求者の国民一般への拡大
適正な支出管理	役員報酬や経費支出の適正性や公正性を担保するための仕組みが必要	●役員報酬基準の作成と公表 ●親族等関係者への特別の利益供与を禁止 ●開示の対象となる関連当事者の範囲や取引額を拡大（100万円を超える額）
内部留保の明確化と福祉サービスへの再投下	内部留保を明確化した上で、余裕財産を福祉サービスに計画的に再投下し、内部留保を適正化する仕組みが必要	●内部留保のうち、福祉サービスに再投下可能な財産額を明確化 ●社会福祉充実計画の作成を義務化 ●社会福祉充実計画については、所轄庁の承認、公認会計士等からの意見聴取を求める

104　第3章　財務はこう変わる

(3) 情報公開

■ 求められる経営透明化への対応

　非営利法人の健全な発展は社会の要請であり、社会福祉法人は、そのとりまく社会経済状況の変化を受け、一層効率的な法人経営が求められています。

　情報公開の目的の一つは、社会福祉法人が多額の公的資金・寄附金等を受け入れていることから、経営実態を、国民や寄附者に開示・説明することです。これは、事業の効率性に関する情報の充実や事業活動状況の透明化が求められており、この要求に対応することでもあります。

　そして、情報公開のもう一つの大きな目的は、社会福祉法人の正しい情報を正しく公開することによって、国民に正しく実態を理解してもらうことが挙げられます。

　すなわち、情報公開によって利用者を含めた利害関係者のみが保護されるのではなく、社会福祉法人が国民に正しく理解され、受容されることによって、社会福祉事業を継続するための環境が確保され、社会福祉法人および社会福祉事業の発展・継続を確実なものにしていくことに繋がるといえます。

■ 新会計基準における開示項目の充実

　旧会計基準では、注記事項または脚注として記載する９項目が規定されていましたが、経営内容の開示をより充実する趣旨から、新会計基準では新たに８項目が追加され、合計 17 項目に拡充されました。

　計算書類の注記事項には、法人全体で記載するものおよび拠点区分で記載するものの２種類があり、次ページ**図表-6** のように区分されます。

【図表-6】 新会計基準で新たに加えられた注記事項
（会計基準省令第 29 条、運用上の取り扱い 24）

内　　容	法人全体	拠点区分
① 継続事業の前提に関する事項	○	―
② 法人で採用する退職給付制度	○	○
③ 法人が作成する計算書類等と拠点区分・サービス区分	○	○
④ 満期保有目的の債券の内訳ならびに帳簿価額・時価および評価損益	○	○
⑤ 関連当事者との取引の内容	○	―
⑥ 重要な偶発債務	○	―

　新会計基準では、上図のとおり、注記事項が加えられており、このほかにもファイナンス・リース取引（リース資産の内容・減価償却の方法）、オペレーティングリース取引（解約不能のものに係る未経過リース料）について、注記が求められています。

　開示項目を拡充することで、社会福祉法人の経営実態をより詳細に開示することになります。

コラム 11　継続事業の前提に関する注記の考え方

　継続事業の前提に関する注記は、財務指標の悪化や債務超過などで事業を継続することができない可能性（疑義）のある社会福祉法人で、その問題を解消するための対応を実施しても、なお事業の継続に不確実性が残る場合に記載します。

　ただし、上記の判断は、事業ごとではなく、法人全体の存続に疑義が生じた場合に限ります。

　当然ながら、法人の存続可能性に関する情報は、利用者を含めた利害関係者にとって非常に重要な情報です。そのため、当該注記については「省略不可」とされ、該当する内容がない場合にも、「該当なし」

の旨の記載が要求されています。なお、平成27年3月期決算発表した上場企業2,451社のうち、継続企業の前提に関する注記を記載した企業は25社ありました（東京商工リサーチ調べ）。

③ 会計監査人監査による情報の信頼性向上

　計算書類は、会計年度ごとに事業環境や作成環境が刻々と変化していく中で作成されるものであり、作成者はあくまで社会福祉法人自身であるため、その信頼性を確保するためには、会計監査人による外部監査を受ける必要があります。外部監査を受ける具体的な利点として、下記のようなことが考えられます。

◆計算書類の信頼性の確保

◆内部統制を含めた財務規律の確立

◆会計管理に対する適正化への意識の向上

◆不正または誤謬の発見や訂正および事前防止

　社会福祉法人の公共性と社会的期待及び責任の重さに鑑みれば、会計監査人による外部監査によって、計算書類の信頼性をより高めることが必要となります。こうして、事業経営の透明性が確保されることによって、国民に対する説明責任を果たすことができます。結果として、社会福祉法人全体の発展に繋がるものと考えられます。

コラム⑫　民間企業のノウハウで社会福祉法人を再生

　平成26年8月、官民ファンドの地域経済活性化支援機構が、経営不振に陥っている社会福祉法人の宇治病院（現在は社会福祉法人あじろぎ会）の再生支援を決め、社会福祉法人としては異例の私的整理手続を進めるという報道が注目を集めました。

　京都銀行が債権を放棄し、東証1部上場のノーリツ鋼機グループが再生を支援して、事業を続けながら再生できる私的整理を選ぶことで、

第1節　社会福祉法と社会福祉法人会計基準　107

患者や老人ホーム入居者などの利用者への支障を回避するという内容です。

　宇治病院の私的整理は、民間企業のノウハウを生かした社会福祉法人再生のモデルケースといわれています。税制優遇や補助金を受けていても、経営戦略のまずさで経営不振に陥る社会福祉法人が、今後も増えると予想されています。

　経営改善には、やはり民間企業の経営ノウハウや事業運営の手法を取り入れる必要があります。今後は、会計情報を適切に管理し、必要な情報を適時に取得し、様々な経営意思決定に活用していくような、民間企業レベルの経営力がなければ存続することが難しい時代がくると思われます。

② 新会計基準の概要と改正社会福祉法とのつながり

▌(1)　新会計基準の概要

■ 新たな社会福祉法人会計基準（「新会計基準」）の基本的考え方

◆社会福祉法人が行うすべての事業（社会福祉事業、公益事業、収益事業）を適用対象とする。

◆法人全体の財務状況を明らかにし、経営分析を可能とするとともに、外部への情報公開に資するものとする。

② 旧会計基準からの主な変更点

　旧会計基準の主な改正点についてまとめると、次ページ**図表-7**のとおりです。

108　第3章　財務はこう変わる

【図表-7】旧会計基準の主な改正点

特　徴	主な改正点	改正の内容
① 適用範囲の一元化	●すべての社会福祉法人のすべての事業が適用範囲	●法人全体での資産、負債等の状況を把握できるようにするため、公益事業および収益事業を含め、法人で一本の会計単位とする。
② 会計の区分変更方法	●法人全体を「社会福祉事業」「公益事業」「収益事業」に区分 ●事業区分を拠点別に区分 ●拠点区分をサービス別に区分	●施設・事業所ごとの財務状況を明らかにするため、拠点区分を設けることとした。また、施設・事業所内で実施する福祉サービスの収支を明らかにするため、サービス区分を設ける。
③ 計算書類の体系整備	●財務諸表 （資金収支計算書、事業活動計算書、貸借対照表） ●附属明細書（新設） ●財産目録	●計算書類は、資金収支計算書、事業活動計算書、貸借対照表とする。 ①　資金収支計算書は、支払資金の収入、支出の内容を明らかにするために作成する。 ②　事業活動計算書は、法人の事業活動の成果を把握するために作成する。 ●資金収支計算書、事業活動計算書及び貸借対照表については、事業区分、拠点区分の単位でも作成する。
④ その他	●附属明細書の明確化 ●計算書類注記の充実 ●新たな会計手法の導入	●従来の明細書、別表を整理した上で、重要な資産及び負債等の状況を明確にするために、借入金、寄附金、積立金等についてその内容を明らかにする附属明細書を作成する。 ●新たに8項目の注記事項を追加する。 ●財務情報の透明性を向上させるため、1年基準、時価会計、リース会計などの会計手法を導入する。

第1節　社会福祉法と社会福祉法人会計基準　109

(2) 会計および監査に係る社会福祉法改正のポイント

会計および監査に係る社会福祉法改正の主なポイントは、以下のとおりです。

〈平成28年4月1日施行〉

項　目	条　文
① 特別の利益供与の禁止	第27条
② 会計（会計処理・会計帳簿・保存）	第45条の23第1項 第45条の24

※　条文番号は、平成29年4月1日施行のものに統一しています。

〈平成29年4月1日施行〉

項　目	条　文
③ 計算書類等の作成および保存（作成期日）	第45条の27第2項、第4項
④ 計算書類等の監査等	第45条の28
⑤ 計算書類等の評議員および定時評議員会への提出等	第45条の29 第45条の30 第45条の31
⑥ 計算書類等及び財産目録等の備置きおよび閲覧等	第45条の32 第45条の34第1項

次ページ(3)で、上記の内容について詳しくみていきます。

(3) 社会福祉法改正（会計および監査に係る）の内容

1 特別の利益供与の禁止

会計および監査に係る社会福祉法改正部分について、社会福祉法人会計基準との対応を踏まえて説明します。

第27条

社会福祉法人は、その事業を行うに当たり、その評議員、理事、監事、職員その他の政令で定める社会福祉法人の関係者に対し特別の利益を与えてはならない。

「特別の利益を与える」とは、例えば、次に掲げるような経済的利益の供与または金銭その他の資産の交付で、社会通念上不相当なものが考えられます。

a. 法人が、特定の個人または団体に対し、その所有する土地、建物その他の資産を無償または通常よりも低い賃貸料で貸し付けていること

b. 法人が、特定の個人または団体に対し、無利息または通常よりも低い利率で金銭を貸し付けていること

c. 法人が、特定の個人または団体に対し、その所有する資産を無償または通常よりも低い対価で譲渡していること

d. 法人が、特定の個人または団体から通常よりも高い賃借料により土地、建物その他の資産を賃借していることまたは通常よりも高い利率により金銭を借り受けていること

e. 法人が、特定の個人または団体の所有する資産を通常よりも高い対価で譲り受けていることまたは法人の事業の用に供すると認められない資産を取得していること

f．法人が、特定の個人に対し、過大な給与等を支給していること

　例えば、以前に社会福祉法人の所有物である建物を関係者に貸し付けていて、賃料相場の変動により、現在においては相場と比較して低廉な賃料になってしまっているにもかかわらず、まったく賃料を改定していないといったもの（aの例）や、親族に法人の役員として名前だけ借りて報酬まで支払っているといったもの（fの例）です。

　法人に特別の利益を与えているとの意識がなくても、うっかりしてこういったことになっている可能性があるので、注意が必要です。

　なお、「特別の利益を与えること」には、収益事業に限らず、収益事業以外の事業において行われる経済的利益の供与または金銭その他の資産の交付が含まれることに留意する必要があります。

　また、社会福祉法人会計基準において「関連当事者との取引」に関する注記が要請されており、法人の役員およびその近親者、ならびにグループ会社との取引を計算書類において開示する必要があります。

2　会計（会計処理および会計帳簿）

> **第45条の23第1項**
> 　社会福祉法人は、厚生労働省令で定める基準に従い、会計処理を行わなければならない。
> **第45条の24第1項**
> 　社会福祉法人は、厚生労働省令で定めるところにより、適時に、正確な会計帳簿を作成しなければならない。

　「厚生労働省令で定める」という文言が明記され、社会福祉法人会計基準に準拠した処理が求められています。

112　第3章　財務はこう変わる

第45条の24第2項

　社会福祉法人は、会計帳簿の閉鎖の時から10年間、その会計帳簿及びその事業に関する重要な資料を保存しなければならない。

　「法人全体の財務状況を明らかにし、経営分析を可能にするとともに、外部への情報公開に資するものとする。」という新会計基準の趣旨に鑑み、帳簿の保存期間を明示することによって、その実効性を担保しています。

コラム 13　帳簿書類の管理、具体的には？

【帳簿書類保存の流れ】
① 　書類の分別
　永久保存のものと、保存期間経過後処分してもよいものに分けます。
② 　箱詰め
　処分してもよいものについては、保存期限ごとにダンボールなどで管理保管します。
③ 　期限の記載
　ダンボール等には、書類名、会計期間および保存期限などを記載し、期限が来たら処分できるように整理します。
④ 　処分
　処分に際しては、機密文書が含まれていますので、慎重に行う必要があります。

　必要な帳簿書類を保存していなかった場合、過去の取引やデータを確認できないなど経営上の不利益に加え、税務上も様々な不利益を受ける可能性があります。
　また、電子データで保存することにより、帳票の整理や検索等の手作業の軽減、帳票保管スペースの減少、用紙代やプリント関連コストの節約といった、ペーパーレス化に伴う人件費を含めた保管コストの負担を軽減することができます。
　さらに、電子化によって帳票データの閲覧権限管理や閲覧履歴の記録がなされ、セキュリティーの強化が図られることにより、紛失や持ち出し等による情報漏えいリスクが軽減されます。加えて、バックア

第1節　社会福祉法と社会福祉法人会計基準　　113

ップ機能によりデータを複数個所に保存できるため災害等のリスクを軽減できるというメリットもあります。

　ただし、電子データで保存する場合には、データの改ざんができないようなソフトを利用するなど改ざん防止措置が必要となります。

3　計算書類等の作成及び保存（作成期日）

第45条の27第2項
　社会福祉法人は、毎会計年度終了後3月以内に、厚生労働省令で定めるところにより、各会計年度に係る計算書類（貸借対照表及び収支計算書をいう。以下この款において同じ。）及び事業報告並びにこれらの附属明細書を作成しなければならない。

新会計基準上の用語との対応関係は、下記のとおりです。

改正社会福祉法		新会計基準	
計算書類	貸借対照表	貸借対照表	財務諸表
	収支計算書	資金収支計算書	
		事業活動計算書	

　社会福祉法人の決算日は改正社会福祉法において3月31日と定められていますので（改正法45の23②）、計算書類等は作成後、理事会承認を経て、さらに定時評議員会承認または報告後、6月30日までに所轄庁へ提出する必要があります。

　ただし、社会福祉法人は「組合等登記令」の定めによって、毎会計年度終了後2月以内の5月31日までに「資産総額の変更登記」が必要な旨、

定められています。

　そのため、会計監査人の監査を受ける場合には、非常にタイトなスケジュールで決算数値を確定させる必要があり、今後見直しがなされる可能性もあると考えられます。

4　計算書類等の監査等

第45条の28第1項

　前条第2項の計算書類及び事業報告並びにこれらの附属明細書は、厚生労働省令で定めるところにより、監事の監査を受けなければならない。

第2項

　前項の規定にかかわらず、会計監査人設置社会福祉法人においては、次の各号に掲げるものは、厚生労働省令で定めるところにより、当該各号に定める者の監査を受けなければならない。

　一　前条第2項の計算書類及びその附属明細書　監事及び会計監査人

　二　前条第2項の事業報告及びその附属明細書　監事

第3項

　第1項又は前項の監査を受けた計算書類及び事業報告並びにこれらの附属明細書は、理事会の承認を受けなければならない。

受けるべき計算書類等の監査・承認についてまとめると、下記のとおりとなります（必要…「○」、不要…「×」）。

第1節　社会福祉法と社会福祉法人会計基準　115

書 類	監事監査	会計監査人監査 （※）	理事会承認
計算書類	○	○	○
その附属明細書			
事業報告	○	×	○
その附属明細書			

※ 「会計監査人設置社会福祉法人」に限ります。

5 計算書類等の定時評議員会への提出等

第45条の29

理事は、定時評議員会の招集の通知に際して、厚生労働省令で定めるところにより、評議員に対し、前条第3項の承認を受けた計算書類及び事業報告並びに監査報告（同条第2項の規定の適用がある場合にあつては、会計監査報告を含む。）を提供しなければならない。

第45条の30第1項

理事は、第45条の28第3項の承認を受けた計算書類及び事業報告を定時評議員会に提出し、又は提供しなければならない。

第45条の30第2項

前項の規定により提出され、又は提供された計算書類は、定時評議員会の承認を受けなければならない。

第45条の30第3項

理事は、第1項の規定により提出され、又は提供された事業報告の内容を定時評議員会に報告しなければならない。

第45条の31

会計監査人設置社会福祉法人については、第45条の28第3項

> の承認を受けた計算書類が法令及び定款に従い社会福祉法人の財産及び収支の状況を正しく表示しているものとして厚生労働省令で定める要件に該当する場合には、前条第2項の規定は、適用しない。この場合においては、理事は、当該計算書類の内容を定時評議員会に報告しなければならない。

計算書類および事業報告の流れを図示すると、下記のとおりとなります。

※　会計監査人設置社会福祉法人において、理事会承認済みの計算書類が、法令・定款に従い、社会福祉法人の財産および収支の状況を正しく表示しているものとして、厚生労働省令で定める要件に該当する場合には、定時評議員会承認は不要となります。
　　この場合には、理事は計算書類の内容を定時評議員会に報告すれば足りることとなります。

6 計算書類等および財産目録等の備置きおよび閲覧等

> **第45条の32**
> 　社会福祉法人は、計算書類等（各会計年度に係る計算書類及び事業報告並びにこれらの附属明細書並びに監査報告（第45条の28第2項の規定の適用がある場合にあつては、会計監査報告を含む。）をいう。以下この条において同じ。）を、定時評議員会の日の2週間前の日（第45条の9第10項において準用する一般社団法人及び一般財団法人に関する法律第194条第1項の場合にあつては、同項の提案があつた日）から5年間、その主たる事務所に備え置かなければならない。

第 45 条の 34 第 1 項

　社会福祉法人は、毎会計年度終了後 3 月以内に（社会福祉法人が成立した日の属する会計年度にあつては、当該成立した日以後遅滞なく）、厚生労働省令で定めるところにより、次に掲げる書類を作成し、当該書類を 5 年間その主たる事務所に、その写しを 3 年間その従たる事務所に備え置かなければならない。

　一　財産目録

　二　役員等名簿（理事、監事及び評議員の氏名及び住所を記載した名簿をいう。第 4 項において同じ。）

　三　報酬等（報酬、賞与その他の職務遂行の対価として受ける財産上の利益及び退職手当をいう。次条及び第 59 条の 2 第 1 項第二号において同じ。）の支給の基準を記載した書類

　四　事業の概要その他の厚生労働省令で定める事項を記載した書類

　計算書類等および財産目録等の提供・提出・備置きに関するスケジュールのイメージを図示すると次ページ**図表-8** のとおりとなります。

【図表-8】決算スケジュールのイメージ（「会計監査人設置法人」の場合）

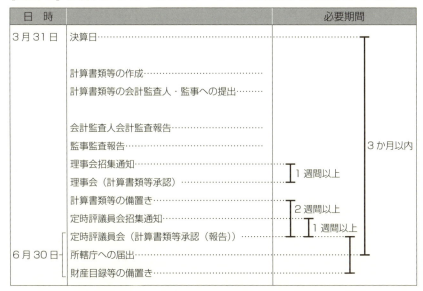

※　現行の「組合等登記令」では資産総額変更登記は「毎事業年度末日より２月以内」（５月31日まで）とされています。

（出所：日本公認会計士協会「平成27年度夏季全国研修会資料」より作成）

　また、参考までに改正社会福祉法成立後のスケジュールのイメージについては、次ページ**図表-9**のとおりです。

【図表-9】

改正社会福祉法成立後のスケジュール・イメージ			
年度	月	法人	旧評議員会・旧理事会：現行法に基づく 新評議員会、新理事会：改正法に基づく
平成28	4〜6	旧評議員会・旧理事会 ⇒決算、定款変更（所轄庁変更に関する事項）	
		現況報告書等の届出（〜平成28.6.30）	
	〜	旧評議員会・旧理事会 ⇒定款変更（平成29.4.1施行の新評議員の選任方法等） 平成29.3.31までにあらかじめ新評議員を選任	
	3	現評議員の任期満了（平成29.3.31）	
平成29	4〜6	新評議員の任期開始（平成29.4.1〜）	
		新理事会（旧役員） ⇒決算、社会福祉充実計画、役員等報酬基準 　新役員案・会計監査人案 新評議員会 ⇒決算、社会福祉充実計画、役員等報酬基準 　新役員・会計監査人の選任 　　→任期開始（現役員任期満了）	
		社会福祉充実計画の申請（〜平成29.6.30） 現況報告書、役員等名簿・役員等報酬基準の届出 （〜平成29.6.30）	

（出所：平成28年3月3日 厚生労働省「社会・援護局関係主管課長会議資料」より作成）

コラム ⓪ 社会福祉法人の不正と対応する内部統制の例

社会福祉法人における不正事例が後を絶ちません。

補助金や介護給付金の不正受給、理事長等の役員による資金横領、リベート等の裏金収受など、強い公益性が求められている社会福祉法人において、あるまじき行為がメディアでも取り上げられています。

例えば、借方と貸方が一致しない貸借対照表を所轄庁に提出している社会福祉法人があるそうです。このようなケースでは、初歩的な会計知識のない職員が経理を担当していることが想定されるだけにとどまらず、法人資金が役員等によって私的に流用されている疑いなどが強まります。

当然、すべての社会福祉法人がそのような状態にあるのではなく、ごく一部の不誠実な法人による不正事例が発覚しているものではありますが、そういった行為が散見される状況では、組織的・構造的な問題があるのではないかといった疑義が各方面で生じているのは事実です。

社会福祉法人における不正事例の発生原因としては様々な観点から分析されていますが、共通事項としてよく挙げられるのが、監事監査の形骸化、法人本部機能のぜい弱性、公認会計士等による外部監査が任意適用であることなど、日常的な業務管理に対して独立性を有した者による客観的な監視体制が整っていないことが挙げられます。

このように、内部統制が適切に構築できていない状況では、不正が発生しやすく、かつ、不正が発見されにくい状態となっており、ガバナンスの観点からは極めてリスクの高い状態にあるといえます。

今後は、不正の事例と、当該不正を防止・発見する上で有効と考えられる内部統制について、法人内で検討する必要があります。その際に次ページの事例も参考にしていただけたらと思います。

【図表-10】

不正事例	対応する内部統制の例
① 寄附金を法人会計に入金せずに流用する。	寄附金の収受について、必ず連番管理された寄附申込書や寄附金受領書を使用する。
② 利用者負担金等の現金徴収分を法人会計に入金せずに流用する。	一時保育料等、利用者から直接現金で徴収する収入については、現金徴収時に収入計上するだけではなく、収受すべき総額を収入計上することで未収分を明確にする。また、介護保険料収入、自立支援費収入等については、請求時に利用者負担分も未収計上して管理する。
③ 入所者預り金を流用する。	入所者の預り金からの出金について一定の承認手続をとる。また、定期的に関係者に入出金記録を提示し、承認を受ける。
④ 就労支援事業等において、原材料・生産物等の在庫を法人外に持ち出す。	受払台帳等を作成して管理するとともに、定期的に現物の棚卸しを行い、責任者の承認を得る。
⑤ コンサルタント契約など、その支出と効果の関係が直接的に判断しがたい取引を装って法人資産を不当に流用する。	業務委託等に関する手続規程を整備し、契約締結に当たって理事会の承認等の一定の承認手続を受ける。
⑥ 個人の借入金の担保に法人の資産を提供する。	定期預金証書等については定期的に実査する。不動産についても定期的に登記簿謄本を確認する。
⑦ 理事者が支配している建設会社と工事費の水増し契約を行い、水増し分を流用する。	重要な取引については理事会で事前に承認する。また、一定金額以上の工事については入札を行う。

（出所：日本公認会計士協会「非営利法人委員会研究報告第19号」より作成）

第2節 内部統制の概要と新しい制度としての会計監査人監査

内部統制の必要性

　日本公認会計士協会が示す監査基準委員会報告書では、内部統制は「企業の財務報告の信頼性を確保し、事業経営の有効性と効率性を高め、事業経営に係る法令の遵守を促すという企業目的を達成するために、取締役会、経営者及びその他の企業構成員により、整備及び運用されているプロセスをいう。」と定義付けられています。ここに、内部統制を構築する目的は、「事業経営の有効性および効率性」「財務報告の信頼性」「事業経営に関わる法令等の遵守」、これらに加え「資産の保全」が挙げられます。これらの目的は、互いに独立して存在するものではなく、相互に密接に関連しています。

　今回の社会福祉法改正では、政令で定める基準以上の社会福祉法人に対して、公認会計士等による会計監査人監査を実施することを求めています。公認会計士等による会計監査人監査は、内部統制の有効性を評価し、財務諸表の重要な虚偽表示を看過して誤った意見を形成する可能性を抑える水準の監査手続を行うという形で行われます。このため、監査主体である会計監査人、被監査主体である社会福祉法人の両方にとって、法人において有効な内部統制が構築されていることが重要なポイントとなります。

　しかしながら、内部統制は外部への財務報告目的にのみ着目するべきではなく、また、大規模な法人にのみ求められるものでもありません。先に示した内部統制の目的から考えますと、すべての法人の経営において適切な内部統制の構築が必要であると考えられます（日本公認会計士協会監査基準委員会報告書315「企業及び企業環境の理解を通じた重要な虚偽表示リスク

の識別と評価」）。

2 内部統制の構成要素

ここからは、内部統制の基本的要素と具体的なモデル実施例を見ていきます。

(1) 統制環境

統制環境とは、組織の気風を決定し、統制に対する組織内のすべての者の意識に影響を与えるとともに、他の基本的要素の基礎をなし、リスクの評価と対応、統制活動、情報と伝達、モニタリング及びITへの対応に影響を及ぼす基盤をいいます。統制環境は、他の基本的要素の前提となるとともに、他の基本的要素に影響を与える最も重要な基本的要素といえます。

〈一般的な統制環境の例〉
① 誠実性および倫理観
② 経営者の意向および姿勢
③ 経営方針および経営戦略
④ 理事会および監事の有する機能
⑤ 組織構造および慣行
⑥ 権限および職責
⑦ 人的資源に対する方針と管理

具体例

理事長は、社会福祉法人の基本的な理念や目的に沿った倫理的価値観を確立するとともに、倫理規程・行動指針等を作成・配布し役職員への浸透に努める。

⑵ リスクの評価

リスクの評価とは、組織目標の達成に影響を与える事象について、組織目標の達成を阻害する要因をリスクとして識別、分析および評価するプロセスをいいます。

具体例

年に一度理事長は、すべての施設長と面談を行い、現金管理・現物管理の状況を確認し、横領等の不正リスクの評価を行う。評価の結果については、監事に報告を行う。

⑶ 統制活動

統制活動とは、経営者の命令および指示が適切に実行されることを確保するために定める方針および手続をいいます。統制活動には、権限および職責の付与、職務の分掌等の広範な方針および手続が含まれます。

このような方針および手続は、業務のプロセスに組み込まれるべきものであり、組織内のすべての者において遂行されることにより機能するものです。

具体例

仕入を行う際には、発注担当者、検収担当者、振込書類作成者、支払承認者、会計帳簿記帳者は独立して業務を行っている。このことにより、架空の発注や仕入先との共謀による不正の防止に役立っている。

⑷ 情報と伝達

情報と伝達とは、必要な情報が識別、把握および処理され、組織内外および関係者相互に正しく伝えられることを確保することをいいます。組織

内のすべての者が各々の職務の遂行に必要とする情報は、適時かつ適切に、識別、把握、処理および伝達されなければなりません。また、必要な情報が伝達されるだけでなく、それが受け手に正しく理解され、その情報を必要とする組織内のすべての者に共有されることが重要です。

具体例

　指導監査による指摘事項に関し、外部コンサルタントと協議を行う。協議した結果をもとに改善策について施設長等と協議を行い、作成した改善案については、内部文書に反映する。

(5) モニタリング

　モニタリングとは、内部統制が有効に機能していることを継続的に評価するプロセスをいいます。モニタリングにより、内部統制は常に監視、評価及び是正されることになります。モニタリングには、業務に組み込まれて行われる日常的モニタリングおよび業務から独立した視点から実施される独立的評価があります。両者は個別にまたは組み合わせて行われる場合があります。

具体例

　人事担当理事が給与計算の妥当性を検証するため、支給対象人数や支給額、残業時間数や手当額を月次、四半期、年次で比較分析し異常な変動あれば、その原因を調査する。このことにより、架空従業員への支払や、残業時間の水増しのような不正の防止発見につなげている。

(6) IT（情報技術）への対応

　ITへの対応とは、組織目標を達成するためにあらかじめ適切な方針お

よび手続を定め、それを踏まえて、業務の実施において組織の内外のIT
に対し適切に対応することをいいます。

ITへの対応は、内部統制の他の基本的要素と必ずしも独立に存在する
ものではありませんが、組織の業務内容がITに大きく依存している場合
や組織の情報システムがITを高度に取り入れている場合等には、内部統
制の目的を達成するために不可欠の要素として、内部統制の有効性に係る
判断の基準となります。

ITへの対応は、IT環境への対応とITの利用および統制からなります。

┌─ 具体例 ─
社会福祉法人会計に対応した会計システムを導入し、会計処理を標
準化するとともに、サービス区分別の予算執行状況を一元的に把握し
ている（企業会計審議会「財務報告に係る内部統制の評価及び監査の基準
並びに財務報告に係る内部統制の評価及び監査に関する実施基準の改訂に
ついて（意見書）」）。

3 会計監査人の設置

(1) 背景

これまで、社会福祉法人審査基準等において、財務状況等の監査に関し、
資産額が100億円以上もしくは負債総額50億円以上または収支決算額
が10億円以上の法人については、その事業規模等からみて、2年に1回
程度の外部監査の活用を行うことが望ましく、また、これらに該当しない
法人についても5年に1回程度の外部監査の活用を行うことが望ましい
とされてきました。

財務状況等の監査には、「財務諸表等の監査」と「財務書類以外の調査・

第2節　内部統制の概要と新しい制度としての会計監査人監査　127

指導等」があります。このうち後者については、その範囲が限定的・確定的でないため、実施する時期や頻度について確定的に定めることが難しいといえます。前者については、財務諸表等が適正に作成されているかどうかをチェックするものです。会計年度ごとに社会福祉法人をとりまく環境が刻々と変化していくことから考えても、毎会計年度継続的に監査を受け入れることで、財務諸表等の信頼性を高め、法人運営の透明性の確保に資するものと考えられるものの、実際に会計監査を受けたことのある法人は限られていました。

また近年においては、少子・高齢化社会の到来、児童虐待問題や、待機児童・待機老人問題の深刻化など、社会福祉法人をとりまく環境はますます大きく変化し、社会からの社会福祉法人に対する期待も大きくなってきています。

このような中で、社会福祉法人にはこれまで以上に公益性の高い事業運営が求められていますが、一部の社会福祉法人において、法人の私物化ともとれる不適切な運営が報じられたり、過大な内部留保をため込んでいるという批判もなされています。

このような状況に対応するため、「公益性・非営利性の徹底」「国民に対する説明責任」「地域社会への貢献」を基本的な視点として、今回の社会福祉法人制度の改革が行われました。

このうち「公益性・非営利性の徹底」について、ガバナンス強化および財務規律の確立の観点から、一定規模以上の法人に対して会計監査人による監査が義務付けられることとなりました（改正法37）。

具体的には、以下の法人に対して会計監査人の設置を義務付けることが検討されています。

◆収益が10億円以上の法人（段階的に対象範囲を拡大予定）
◆負債が20億円以上の法人

参考 公認会計士等による主な法定監査の種類

監査の種類	法定監査の対象
会社法監査	資本金5億円以上または負債200億円以上
金融商品取引法監査	証券取引所に上場している会社
学校法人監査	●私立学校振興助成法に定める経常的経費に対する補助金の交付を受ける学校法人 ●寄附行為等の許可申請を行う学校法人
国立大学法人監査	すべての国立大学法人
労働組合監査	すべての労働組合
独立行政法人監査	資本金100億円以上または負債200億円以上

(2) 会計監査人

会計監査人は、公認会計士または監査法人でなければなりません（改正法45の2①）。

これまでの外部監査においては、広く税理士その他会計の専門家や、社会福祉事業について学識経験を有する者が実施者となっていましたが、会計監査人は公認会計士または監査法人でなければならない点に注意が必要です。

また、公認会計士または監査法人は、監査を実施するに当たって、精神的独立性と外観的独立性の2つの独立性が要求されます。

精神的独立性とは、監査に当たり公正普遍の態度を保持することで、職業的専門家としての判断を危うくすることなく、結論を表明できる精神状態を保ち、誠実に行動し、公正性と職業的懐疑心を堅持することをいい（日本公認会計士協会「独立性に関する指針」）、これを支えるものとして外観

第2節 内部統制の概要と新しい制度としての会計監査人監査 129

的独立性が要求されます。

外観的独立性については、公認会計士法第24条第1項各号において、以下のような場合に財務書類の監査を禁止しています。

(i) 公認会計士又はその配偶者が、役員、これに準ずるもの若しくは財務に関する事務の責任ある担当者であり、又は過去1年以内にこれらの者であった会社その他の者の財務書類

(ii) 公認会計士がその使用人であり、又は過去1年以内に使用人であった会社その他の者の財務書類

(iii) 前二号に定めるもののほか、公認会計士が著しい利害関係を有する会社その他の者の財務書類

すなわち、法人と、ある公認会計士または監査法人に何らかの関係があるという疑いを招く状況がある場合には、その公認会計士または監査法人は会計監査人になれない可能性があります。例えば、財務に関する事務（会計帳簿の作成業務など）と、監査業務の同時受託については、独立性保持の観点から問題となる可能性があります。

(3) 会計監査人の選任および任期ならびに解任

会計監査人は、評議員会の決議によって選任し（改正法43①）、その任期は、選任後1年以内に終了する会計年度のうち最終のものに関する定時評議員会の終了の時までとなりますが、当該定時評議員会において別段の決議がされなかったときは、再任されたものとみなされます（改正法45の3①、②）。

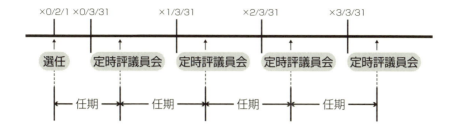

　また、会計監査人が以下のいずれかに該当するときは、評議員会の決議または監事により、会計監査人を解任することができます（改正法45の4②、45の5）。

> (i)　職務上の義務に違反し、または職務を怠ったとき
> (ii)　会計監査人としてふさわしくない非行があったとき
> (iii)　心身の故障のため、職務の執行に支障があり、またはこれに堪えないとき

　なお、監事による解任の場合には、監事全員の同意が必要であり、会計監査人を解任する旨および解任の理由を、解任後最初に招集される評議員会で説明しなければなりません（改正法45の5②、③）。

第 3 節 詳 論

1 会計監査人監査に対応する内部統制

(1) 内部統制が有効に構築されていない場合とリスク

　内部統制が有効に機能していない法人が、どのようなリスクにさらされるかについて考えていきます。次ページ図表-11 は、具体例を用いて、内部統制が有効に機能している場合とそうでない場合を比較し、内部統制が有効に機能していない場合に想定されるリスクを示したものです。これを見れば、内部統制が種々のリスクを軽減することが分かります。

132　第 3 章　財務はこう変わる

【図表-11】内部統制によるリスク軽減

有効に機能している状態	有効に機能していない状態	有効に機能していない場合に想定されるリスク
仕入を行う際には、発注担当者、検収担当者、振込書類作成者、支払承認者、会計帳簿記帳者は独立して業務を行っている。	仕入を行う際、職務の分掌が適切に行われず、発注担当者が検収業務や支払業務も行っている。	●適切に検収が行われないことにより、購入した一部の資産が法人外に流出するリスク ●発注担当者が仕入先と共謀し、仕入対価の一部を不正に受領することにより、法人が不当な支出を行うリスク
指導監査による指摘事項に関し、外部コンサルタントと協議を行う。協議した結果をもとに改善策について施設長等と協議を行い、作成した改善案については、内部文書に反映する。	指導監査による指摘事項について、法人内で適切に情報が共有されず、改善策に関する検討が実施されない。	●（措置命令に至らない場合）要改善事項に適切に対応できないリスク ●（措置命令が出される場合）措置命令に従わないことにより、業務停止命令または役員解職勧告につながるリスク（改正法⑦、⑧、次ページ【参考】も併せて参照）
社会福祉法人会計に対応した会計システムを導入し、会計処理を標準化するとともに、サービス区分別の予算執行状況を一元的に把握している。	社会福祉法人会計に対応した会計システムを導入しているものの、予算の執行状況が適時に確認されていない。	●認められる範囲を超える流用や予算超過が生じる可能性があり、適正な予算管理を実行できない。

第3節　詳　　論　　133

参考 社会福祉法人に対する監督について

社会福祉法人に対する監督について

■ 社会福祉法における社会福祉法人に対する行政上の監督に関する仕組みは、以下のとおりとなっている。

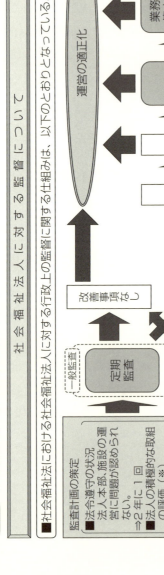

(出所：第5回社会福祉法人の在り方等に関する検討会「資料 社会福祉法人の適正な運営の確保について」より作成)

⑵　財務報告に係る内部統制の構築について

　財務報告に係る内部統制構築のプロセスは、次ページ**図表-12**に示す
とおりです。ここに、全社的な内部統制とは、法人の財務報告全体に重要
な影響を及ぼす内部統制をいいます。経営者は、全社的な内部統制の評価
を行い、その結果を踏まえて業務プロセスに組み込まれ一体となって遂行
される内部統制（業務プロセスに係る内部統制）を評価します。

　例えば、「理事会の構成メンバーは理事長から独立しており理事会での
活発な議論が行われ、十分な検討が行われている」ことは、理事会の実効
性を経て法人全体の内部統制に大きな影響を及ぼします（全社的な内部統
制の例）。また、収益認識のプロセスにおいて、「利用者の利用実績に基づ
いて、公的機関に対する請求書が適切に作成されている」ことは、実在し
ない役務提供に対して請求が行われるリスクに対応します（業務プロセス
に係る内部統制の例）。

第3節　詳　　論　　135

【図表-12】財務報告に係る内部統制構築のプロセス

1．基本的計画及び方針の決定

　経営者は、内部統制の基本方針に係る取締役会の決定を踏まえ、財務報告に係る内部統制を組織内の全社的なレベルおよび業務プロセスのレベルにおいて実施するための基本的計画および方針を決定

※経営者が定めるべき基本的計画および方針としては、以下が挙げられる。
① 構築すべき内部統制の方針・原則、範囲および水準
② 内部統制の構築に当たる責任者および全社的な管理体制
③ 内部統制構築の手順および日程
④ 内部統制構築に係る人員およびその編成、教育・訓練の方法　等

2．内部統制の整備状況の把握

　内部統制の整備状況を把握し、その結果を記録・保存

① 全社的な内部統制について、既存の内部統制に関する規程、慣行およびその遵守状況等を踏まえ、全社的な内部統制の整備状況を把握し、記録・保存
　※　暗黙裡に実施されている社内の決まりごと等がある場合には、それを明文化
② 重要な業務プロセスについて、内部統制の整備状況を把握し、記録・保存
・組織の重要な業務プロセスについて、取引の流れ、会計処理の過程を整理し、理解する。
・整理、理解した業務プロセスについて、虚偽記載の発生するリスクを識別し、それらリスクの財務報告または勘定科目等との関連性、業務の中に組み込まれた内部統制によって十分に低減できるものになっているかを検討

3．把握された内部統制の不備への対応および是正

把握された内部統制の不備は適切に是正

（出所：企業会計審議会「財務報告に係る内部統制の評価及び監査の基準並びに財務報告に係る内部統制の評価及び監査に関する実施基準の改訂について（意見書）」平成23年3月30日）

(3) 内部統制の限界について

内部統制は、その仕組みさえあれば万全というものではなく、次のような固有の限界があります。

- 内部統制は、判断の誤り、不注意、複数の担当者による共謀によって有効に機能しなくなる場合がある。
- 内部統制は、当初想定していなかった組織内外の環境の変化や非定型的な取引等には、必ずしも対応しない場合がある。
- 内部統制の整備及び運用に際しては、費用と便益との比較衡量が求められる。
- 経営者が不当な目的のために内部統制を無視したり、無効ならしめたりすることがある。

(出所：企業会計審議会「財務報告に係る内部統制の評価及び監査の基準並びに財務報告に係る内部統制の評価及び監査に関する実施基準の改訂について（意見書）」)

(4) 内部統制の構築に関する責任

改正法第45条の13第4項第五号では、「理事の職務の執行が法令及び定款に適合することを確保するための体制その他社会福祉法人の業務の適正を確保するために必要なものとして厚生労働省令で定める体制の整備」にかかる意思決定を理事会の専決事項としています。また、同条第5項において、一定の事業規模以上の社会福祉法人について、その体制の整備を義務付けられています。

(5) 会計監査人による監査に対する準備

■ 「監査に耐えうる」内部統制

改正社会福祉法では、社会福祉法人の財務会計に関するチェックが不十

第3節　詳　　論　　137

分であるという課題に対して、会計監査人の設置を義務付けています（一定規模以上の社会福祉法人）。そのためには、まず、会計監査人となる公認会計士または監査法人と監査契約を締結する必要があります。

しかし、会計監査人は監査を受嘱する前に、監査の依頼があった社会福祉法人に関する情報を把握し、監査契約を締結可能であるか、つまり監査を受ける体制が当該社会福祉法人に備わっているかどうかを検討します。その検討事項の中に、内部統制の有効性も含まれており、これが一定のレベルに達していない場合、監査契約が締結できない可能性があります。

したがって、そういう事態を防ぐためにも、社会福祉法人では監査を受けることができる内部統制、つまり「監査に耐えうる」内部統制の構築が必要となります。

② 「監査に耐えうる」内部統制の構築

それでは、「監査に耐えうる」内部統制を構築するためには、どのようにすればいいのでしょうか。そのポイントとなる事項を6つ挙げていきます。

ア 内部統制の構築に対する役員の理解

まずは、社会福祉法人の内部統制を構築・運用する責任は理事会、ひいては理事長または理事にあることを理解する必要があります。

本節(4)で触れたように、内部統制の整備にかかる意思決定は理事会で行われる必要があります。また、審査基準および定款準則では、法人の意思決定と運営を適切に行うための仕組みについて基本となる考え方が織り込まれています。

定款準則第9条のただし書きに、理事長が専決できる日常業務について、理事長は理事会に報告し、理事会はその報告を受けてモニタリングをするという統制が規定されています。そこでは、明言はされていないものの、理事長に専決を委ねられた業務が日常的に執行されるものであることから、開催頻度の限られる理事会が理事長によって執行された日々の業務

138　第3章　財務はこう変わる

を牽制する内部統制の構築が必要となります。

　ただ、内部統制を構築・運用していくには、管理部門の体制強化、システムへの追加投資、あるいは現場での承認作業の増加といったコスト負担や事務負担の増加ももたらします。これらの点を懸念して、積極的な内部統制の構築に消極的となる要因の一つとなっていると考えられます。

　しかしながら、もともと内部統制は、事業運営の効率化、リスクマネジメント、ガバナンス強化による不正の防止を目的として構築・運用していくもので、法人の経営に資するものです。

　この点、改正社会福祉法が要請している改革理念を達成することによる社会からの信頼性や評判の向上も合わせて考慮すると、法人に適した内部統制を構築するメリットは大きいと思われます。

イ　社会福祉法人を取り巻くリスクの把握

　会計監査人が評価の対象としている財務報告目的の内部統制は、法人として本来有すべきリスク管理（リスク・マネジメント）としての内部統制に含まれます。

　そのため、社会福祉法人では、適切な内部統制を構築するためにも、安定的な経営を阻害するリスクを把握する必要があります。大切なのは、この段階で、網羅的にリスクを把握することです。それが不十分だと、適切な内部統制を構築することができなくなるからです。

　この点、会計監査人も監査の過程で、社会福祉法人全体で発生する可能性のあるリスクを検討しています。社会福祉法人全体に発生する可能性のあるリスクが、最終的には財務報告に影響を及ぼすリスクとなると考えているためです。会計監査人は 141 ページのようなフローで、社会福祉法人全体に発生する可能性のあるリスクおよび財務諸表に影響を及ぼすリスクを検討していきます。

　ただ、社会福祉法人を取り巻くリスクといっても様々なものが考えられます。ここでは、会計監査人の視点から見た社会福祉法人全体で考えられ

第3節　詳　　論　　139

るリスクを 142～143 ページで 5 つの項目に大別して例示してみました。

　なお、挙げているリスクはあくまで例示であり、各社会福祉法人が提供している福祉サービスや事業を展開している地域等の要因に応じて、様々なリスクが考えられますのでご留意ください。

【図表-13】社会福祉法人をとりまくリスクに対する検討フロー

| 福祉業界、関連規制等の外部要因 | 社会福祉法人の事業活動等 | 法人における会計方針の選択適用 | 社会福祉法人の目的および戦略 | 社会福祉法人の業績の測定と検討 |

社会福祉法人全体で発生する可能性のあるリスク
例 多様化する福祉ニーズへの対応が遅れることにより、
利用者が減少するリスク

公認会計士は、さらに、上記のリスクから財務報告に影響を及ぼすリスクの有無を検討します。この場合、利用者が減少することによる影響で事業収入の減少が見込まれるため、以下のようなリスクが存在するのではないかと考えます。

・収入や事業活動差額を大きく見せるために、介護収入を過大に計上するリスク
・事業活動差額を大きく見せるために、費用項目を過少に計上するリスク

対応する内部統制が法人内部に存在するか

YES NO

（内部統制の例）
・請求に対する入金に違算が生じている場合、その原因を会計責任者がチェックしている。
・仕入先からの請求書をもとに、会計システムに仕入金額を入力している場合、システムから出力された伝票と請求書の金額が一致していることを入力担当者とは別の担当者がチェックしている。

上記のリスクへの内部統制が構築されていないことから、上記の財務報告に影響を与えるリスクの程度は高いと考えます。（※）
したがって、より慎重に監査をする必要があるものとして、様々な監査対応を検討することになります。

対応する内部統制が構築されていることから、上記の財務報告に影響を与えるリスクの程度は低いと考えます。（※）

※ こうした判断は例示のため、単純化しています。実際には、公認会計士は、その他の要素も加味して判断を行うため、例示以外の判断をすることもあり得ます。

〈社会福祉法人をとりまくリスクの例（図表-13 参照）〉

◆**社会福祉業界、関連する規制等の外部要因**

・多様化する福祉ニーズへの対応が遅れることにより、利用者が減少するリスク

・社会福祉法、関連する諸法令・各通達の改正等がもたらす規制の変更による影響

・サービスエリア内の人口減少により、施設の定員割れが続き、利用料収入が減少するリスク

・規制緩和による競争が激化するリスク

・周辺人口の減少により、十分にスタッフが確保できないリスク

・高齢化に伴い、利用者である高齢者が増える一方で、介護職員となる若手の人材の確保が難しくなる

◆**社会福祉法人の事業活動等**

・地域密着型サービスを行っている拠点で、業務運営上の不備（虐待、食中毒、不慮の事故）が生じたことにより評判が悪くなり、利用者が減少するリスク

・職員の雇用条件や処遇が不相当であるため、退職者が続出し、提供するサービスの低下が続き、利用者が減少するリスク

・行政による指導監査の結果、不適正な法人運営の事実が検出され改善措置命令を受けたことにより、悪評がたち、事業を継続できなくなるリスク

・理事長、理事や監事等との関係が深い個人や企業に、不適切な業務の外部委託を行うリスク

◆**社会福祉法人の会計方針の選択と適用**

・重要かつ通例でない取引に不適切な会計処理を行うリスク

・ある取引が、確立された会計基準等がない新たな領域において生じたときに不適切な会計処理を行う、あるいは会計方針を採用するリスク

・法人の実態に合わない事業区分、拠点区分およびサービス区分を設定した結果、法人の経営成績・財政状態が不明瞭となるリスク

◆**社会福祉法人の目的および戦略ならびにこれらに関して重要な虚偽表示リスクとなる可能性のある事業上のリスク**

・社会のニーズに合わせて、法的な要求事項が増加しているが、それに対応した法人の体制づくりを達成できないリスク

・利用者が入れ替わることによって全体的な介護度が低下する結果となり、介護保険収入が減少するリスク

・新しい会計基準の公表により、対応コストが発生するリスク

・新規事業を始めたものの、利用者ニーズに対する調査が甘く、事業が立ち行かなくなるリスク

◆**社会福祉法人の業績の測定と検討**

・情報公開が義務付けられることによるマイナスの影響を回避するために、虚偽の財務報告を行うリスク

・所轄庁や外部監査での結果をよく見せるために、虚偽の財務報告を行うリスク

ウ　リスクに対応する内部統制の構築

　法人をとりまくリスクの把握が完了すると、次に把握したリスクに対応する内部統制を構築することになりますが、構築すべき具体的な内部統制は、リスクの程度や個々の社会福祉法人の状況によって様々なものが考えられます。148～156 ページに、法人の現状における内部統制の状況を把握できるようなチェックリストを付しました。どのような体制が整備されているかの把握、また、リストに挙げている体制が必要であることの理解にご活用ください。

エ　統制を実施した証跡の記録

　例えば、次のような内部統制が法人内に構築されていたとします。

第 3 節　詳　論　143

> 　会計システムへの介護保険事業収入の入力金額が正確であることを確かめるために、週に1回、拠点の会計責任者が、国民健康保険団体連合会への請求書等と会計システムから出力した伝票とを照合する。

　このケースでは、会計責任者が統制活動を実施した証跡を適切に記録する必要があります。これは、（法人内外の）第三者が統制活動が実施されたことを確認するために必要なものです。

　ここで、会計責任者が請求書等と会計システムから出力した伝票との照合を目視でしていて、照合した形跡（これを「統制の証跡」、「照合証跡」といいます）を残していないとどうなるでしょうか。

　この場合、内部統制が有効に実施されていたことが、あとから検証することができなくなってしまいます。後日、入力された収入金額が誤っていたことが判明した場合、会計責任者がチェックしていれば誤りを修正できていたのか、それとも請求書の記載内容が誤っていたのか、あるいは会計システム上のエラーによるものなのか、迅速にその原因の所在を突き止めることが困難となってしまいます。

　また、会計監査人が内部統制の有効性を確かめるときにも、統制の証跡が残されていないと、監査の実施が困難となってしまいます。場合によっては、内部統制が適切に構築・運用されていないのではないかという疑いをもつこともあり得ます。

　上記の例の場合、会計責任者は統制活動を実施した証跡として、会計システムから出力した伝票に押印しておくといいでしょう。せっかく、貴重な時間を使って照合を実施したのですから、押印をすることで、自らの作業をアピールしておいてください。

オ　資料の適切な整理・管理

　会計監査人は、内部統制を評価するに当たって、監査証拠となる様々な資料を社会福祉法人に依頼することになります。依頼された資料の整理や

管理が適切になされていれば、すぐに要求された資料を会計監査人に提出することが可能です。しかしながら、資料の整理・管理状況が要求された資料が提出期限を超過してしまう、あるいは提出できないことも考えられます。そうなると、監査が思うように進捗せず、監査時間数が大幅に増加してしまう事態も生ずる可能性があります。このような場合、監査時間数に見合った監査報酬への見直しや、監査契約の継続自体を見直すことも検討することになります。

　したがって、これから監査を受けるに当たって、資料の整理・管理状況を確認する必要があります。

カ　法人本部の管理能力の向上

　法人本部には様々な役割がありますが、そのうちの一つに決算業務の実施があります。減価償却費の計上や引当金の計上といった決算特有の会計処理に対する知識に加えて、収集した各拠点の財務情報を合算し、内部取引がある場合には消去して、最終的に法人全体として計算書類等を作成する能力も求められることとなります。そのため、法人本部には、「社会福祉法人会計基準」を熟知した職員を配置しておく必要があります。こうした各部署に必要な人員を配置することも内部統制の一つといえます。

　また、法人本部には、会計監査人対応の窓口としての役割もあります。会計監査人による監査は、法人全体の計算書類に対する監査意見を表明することを目的としていますので、「社会福祉法人会計基準」を熟知していることはもちろんのこと、法人全体の概要を把握していることが必要不可欠となります。

コラム 15 監査意見

　会計監査人監査を受けると、監査報告書において会計監査人の監査意見が表明されます。

　監査意見には以下の種類があります。

意見の種類	具体的な内容
無限定適正意見	一般に公正妥当と認められる会計の基準に従って、会社または法人の財務状況をすべての重要な点において適正に表示している。
限定付適正意見	一部に不適切な事項はあるが、それが計算書類全体に対してそれほど重要性がないと考えられる場合には、その不適切な事項を記載して、会社または法人の財務状況はその事項を除き、すべての重要な点において適正に表示している。
不適正意見	不適切な事項が発見され、それが計算書類全体に重要な影響を与える場合には、不適正である理由を記載して、会社の財務状況を「適正に表示していない」と監査報告書に記載する。
意見不表明	重要な監査手続が実施できず、結果として十分な監査証拠が入手できない場合で、その影響が計算書類に対する意見表明ができないほどに重要と判断した場合には、会社の財務状況を「適正に表示しているかどうかについての意見を表明しない」旨およびその理由を監査報告書に記載する。

　上記のうち、「無限定適正意見」と「限定付適正意見」には、「適正」の程度に違いこそあれ、会計監査人が監査を実施した計算書類が「すべての重要な点において」適正であることを保証したということを意味します。

　では、「不適正意見」や「意見不表明」の場合には、どのような影響があるのでしょうか?

　上場企業の財務諸表について不適正意見が付されたり意見不表明の場合、次ページのような判断がなされます。

146　第3章　財務はこう変わる

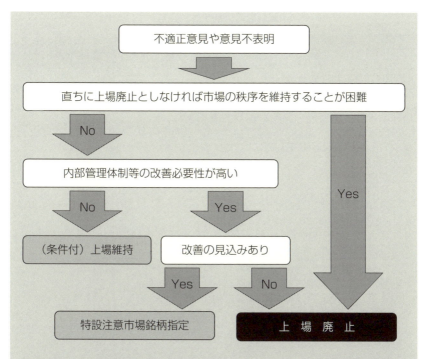

　つまり、ただちにというわけではないとしても、上場廃止となる可能性もあるほど重大な影響があるのです。
　これを社会福祉法人に当てはめて考えてみると、どうでしょうか？
　これまでも、多額の使途不明金や、理事等に対する不適切と思われる支出、多額の債務を抱えるような財政運営等、不適切な運営が行われた社会福祉法人に対して改善措置命令や、場合によっては解散命令が発せられたケースもありました。
　今後は、会計監査人の監査意見が法人運営の適正性の評価基準として追加されることが予想され、もし不適正意見や意見不表明となれば、法人運営に大きな影響が生じるものと考えられます。

〈付録〉監査事前チェックリスト

チェック項目	可	否	否である場合、その内容
内部統制の有効性の確立			
全社的な内部統制			
理事者は、信頼性のある財務報告を重視し、財務報告に係る内部統制の役割を含め、財務報告の基本方針を明確に示しているか。 （関連書類） 　経理規程 　行動規範 　コンプライアンスガイドライン 　中長期計画 　法人報（社内ウェブサイト（イントラネット含む）） 　予算設定方針			
適切な事業運営理念、倫理規程に基づき、社内の制度が設計・運用され、原則を逸脱した行動が発見された場合には、適切に是正が行われているようになっているか。 （関連書類） 　罰則規程 　就業規則			
理事者は、適切な会計処理の原則を選択し、会計上の見積り等を決定する際の客観的な実施過程を保持しているか。			
理事会及び監事は、財務報告とその内部統制に関し理事者を適切に監督・監視する責任を理解し、実行しているか。 （関連書類） 　定款 　定款施行細則 　役員規程 　理事会規程 　評議員会規程 　理事長に提出された内部監査報告書			

148　第3章　財務はこう変わる

〈付録〉監査事前チェックリスト

チェック項目	可	否	否である場合、その内容
評議員会は、制度が要求している理事会への牽制機能を発揮できているか。 （関連資料） 評議会員規程			
監事は内部監査人および外部監査人と適切な連携を図っているか。			
理事者は、問題があっても指摘しにくい等の組織構造や慣行があると認められる事実が存在する場合に、適切な改善を図っているか。 （関連資料） 　管理規程 　業務分掌規程 　組織規程 　組織図 　職務分掌規程 　職務権限規程			
理事者は、企業内の個々の職能（生産、販売、情報、会計等）および活動単位に対して、適切な役割分担を定めているか。 （関連資料） 　組織規程 　職務分掌規程 　職務権限規程			
理事者は、信頼性のある財務報告の作成を支えるのに必要な能力を識別し、所要の能力を有する人材を確保・配置しているか。			
信頼性のある財務報告の作成に必要とされる能力の内容は、定期的に見直され、常に適切なものとなっているか。			
責任の割当てと権限の委任がすべての従業員に対して明確になされているか。 （関連資料） 　組織規程 　職務分掌規程 　職務権限規程			

第3節 詳　論　149

〈付録〉監査事前チェックリスト

チェック項目	可	否	否である場合、その内容
従業員等に対する権限と責任の委任は、無制限ではなく、適切な範囲に限定されているか。 （関連資料） 　組織規程 　職務分掌規程 　職務権限規程			
理事者は、従業員等に職務の遂行に必要となる手段や訓練等を提供し、従業員等の能力を引き出すことを支援しているか。			
従業員等の勤務評価は、公平で適切なものとなっているか。 （関連資料） 　役員報酬規程 　賞与規程 　人事考課規程			
信頼性のある財務報告の作成のため、適切な階層の理事者、管理者を関与させる有効なリスク評価の仕組みが存在しているか。 （関連資料） 　経理規程			
リスクを識別する作業において、法人の内外の諸要因及び当該要因が信頼性のある財務報告の作成に及ぼす影響が適切に考慮されているか。 （関連資料） 　上記を検討した理事会の議事録			
理事者は、組織の変更や IT の開発など、信頼性のある財務報告の作成に重要な影響を及ぼす可能性のある変化が発生する都度、リスクを再評価する仕組みを設定し、適切な対応を図っているか。 （関連資料） 　上記を検討した理事会の議事録			

〈付録〉監査事前チェックリスト

チェック項目	可	否	否である場合、その内容
理事者は、不正に関するリスクを検討する際に、単に不正に関する表面的な事実だけでなく、不正を犯させるに至る動機、原因、背景等を踏まえ、適切にリスクを評価し、対応しているか。 （関連資料） 　不正リスクを検討できるチェックリスト			
信頼性のある財務報告の作成に対するリスクに対処して、これを十分に軽減する統制活動を確保するための方針と手続を定めているか。 （関連資料） 　上記を検討した理事会の議事録			
理事者は、信頼性のある財務報告の作成に関し、職務の分掌を明確化し、権限や職責を担当者に適切に分担させているか。 （関連資料） 　組織規程 　職務分掌規程 　職務権限規程			
統制活動に係る責任と説明義務を、リスクが存在する業務単位または業務プロセスの管理者に適切に帰属させているか。			
全社的な職務規程や、個々の業務手順を適切に作成しているか。			
統制活動は業務全体にわたって誠実に実施されているか。			
統制活動を実施することにより検出された誤り等は適切に調査され、必要な対応がとられているか。			
統制活動は、その実行状況を踏まえて、その妥当性が定期的に検証され、必要な改善が行われているか。			
信頼性のある財務報告の作成に関する理事者の方針や指示が、法人内のすべての者、特に財務報告の作成に関連する者に適切に伝達されている体制が整備されているか。			

第3節　詳　論　151

〈付録〉監査事前チェックリスト

チェック項目	可	否	否である場合、その内容
会計及び財務に関する情報が、関連する業務プロセスから適切に情報システムに伝達され、適切に利用可能となるような体制が整備されているか。			
内部統制に関する重要な情報が円滑に理事者および組織内の適切な管理者に伝達される体制が整備されているか。			
理事者、理事会、監事またはその他の関係者の間で、情報が適切に伝達・共有されているか。			
内部通報の仕組みなど、通常の報告経路から独立した伝達経路が利用できるように設定されているか。			
内部統制に関する法人外部からの情報を適切に利用し、理事者、理事会、監事または監査委員会に適切に伝達する仕組みとなっているか。			
日常的モニタリング（監視の仕組み）・活動が、法人の業務活動に適切に組み込まれているか。 （関連資料） 　組織規程 　内部監査規程 　理事会に提出された内部監査報告書			
理事者は、独立的評価の範囲と頻度を、リスクの重要性、内部統制の重要性および日常的モニタリングの有効性に応じて適切に調整しているか。			
モニタリングの実施責任者には、業務遂行を行うに足る十分な知識や能力を有する者が指名されているか。 （関連資料） 　内部監査人となれる条件について記載された内部監査規程			
理事者は、モニタリングの結果を適時に受領し、適切な検討を行っているか。			
法人の内外から伝達された内部統制に関する重要な情報は適切に検討され、必要な是正措置が講じられているか。 （関連資料） 　上記に関して検討された理事会議事録			

〈付録〉監査事前チェックリスト

チェック項目	可	否	否である場合、その内容
モニタリングによって得られた内部統制の不備に関する情報は、当該実施過程に係る上位の管理者並びに当該実施過程および関連する内部統制を管理し是正措置を実施すべき地位にある者に適切に報告されているか。 （関連資料） 　理事会等に提出された内部監査報告書			
内部統制に係る重要な不備等に関する情報は、理事者、理事会、監事に適切に伝達されているか。 （関連資料） 　上記に関して報告を受けた理事会議事録			
個別の業務プロセスに対する内部統制			
収益プロセスの内部統制			
以下のような請求業務の有無をチェック・是正するための体制は整備されているか。 　サービスを提供していないにも関わらず、架空の請求を行う。 　サービスを提供しているにも関わらず、請求が漏れてしまう。			
入金額と請求額を照合する体制が整備されているか。			
未収金を把握する体制は整備されているか。			
未収金について督促を行う体制は整備されているか。			
経費・購買プロセスの内部統制			
発注担当と検収担当の分掌がなされているか。			
購買取引が二重に計上されることを防ぐ体制が整備されているか。			
購買取引が網羅的に計上される体制が整備されているか。			
予算にない取引が行われることを防ぐ体制が整備されているか。			

第3節　詳　　論　　153

〈付録〉監査事前チェックリスト

チェック項目	可	否	否である場合、その内容
人件費プロセスの内部統制			
職員の採用、退職、昇格、昇給、異動に関するマスター情報の登録に関して、適切な権限者による承認が必要な体制になっているか。			
職員の勤怠は、上長による承認がなされる体制になっているか。			
給与計算すべき勤怠が漏れなく集計される体制になっているか。			
給与計算の結果に不備がないかどうかをチェックする体制となっているか。			
給与計算を行う担当者と、給与を支払う担当者の分掌は適切になされているか。			
給与支給・給与支払に対する会計処理をチェックする体制になっているか。			
法人本部機能の在り方の確立			
人件費プロセスの内部統制			
法人本部に専任職員が在籍しているか。			
理事会議案の作成部署としての役割			
法人本部専任職員が、組織の情報を横断的に収集可能な体制が整備されているか。			
法人本部専任職員が、収集した組織の情報をもとに理事会の議案を作成しているか。			
法人本部専任職員が、理事会の議事録を作成しているか。			
作成された議事録が、適切に管理・保管されているか。			

〈付録〉監査事前チェックリスト

チェック項目	可	否	否である場合、その内容
理事会決議内容の伝達機関としての役割			
理事会で決定された決議内容を、法人本部から各拠点へと正確かつタイムリーに伝達する体制が整備されているか。			
法人全体での資金管理部署としての役割			
法人全体の資金管理部署としての役割を果たしているか。			
法人の課題分析・対応策検討部署としての役割			
収集した情報をもとに、法人全体の課題を分析しているか。			
分析した課題への対応策を検討しているか。			
会計監査人との対応部署としての役割			
「社会福祉法人会計基準」に精通した法人本部専任職員が在籍しているか。			
監事監査機能の有効性の確立			
監事は、法に規定された員数を満たしているか。			
監事は、理事、評議員および職員またはこれらに類する他の職務を兼任していないか。			
監事のうち1名は、計算書類を監査しうる能力を有した者であるか。			
監事のうち1名は、学識経験を有する者または実際に地域で福祉活動に携わる者であるか。			
監事は、他の役員と親族等の特殊な関係がある者ではないか。			
監事は、当該法人に係る社会福祉施設の整備または運営と密接に関連する業務を行っていないか。			

第3節　詳　論　155

〈付録〉監査事前チェックリスト

チェック項目	可	否	否である場合、その内容
月次報告書作成期日の順守状況			
月次報告は、経理規程に規定された期日までに所定の責任者まで提出されているか。			
遅延が生じた場合、その原因分析および対応策の検討が行われているか。			
監査証拠の整理・管理状況			
会計処理の根拠資料は、実際の会計処理と紐付可能な状況となっているか。			
会計処理の根拠資料は網羅的に保管されているか。			
会計監査人とのコミュニケーション体制の確立			
会計監査人が、役員と適宜にコミュニケーションを図ることができる体制となっているか。例えば、一部の役員等が名義貸しのような状況で所在が不明であるといったことがないか。			
会計実務の状況			
内容が不明な残高が勘定科目内訳に残っていないか。			
固定資産の実査が定期的に行われているか。			
各区分ごとの内部取引を把握・管理できる体制となっているか。			
各拠点ごとの会計方針を把握できているか。			
関連当事者の範囲を把握できているか。			
関連当事者との取引を把握できる体制になっているか。			
偶発債務を把握できる体制となっているか。			
重要な後発事象を把握できる体制となっているか。			

社会福祉充実残額（内部留保）の算定と社会福祉充実計画（再投下計画）

(1) 社会福祉充実残額（内部留保）の算定

　いわゆる内部留保といいますと、一般的には利益剰余金、つまり過去の収支差額（利益）の蓄積のことを指しますが、事業に活用する土地、建物等の資産や、将来支出が必要となる資金など、事業継続に必要な財産も含まれているため、その存在自体が余裕財産を保有しているということではありません。

　社会福祉法人は、公費等を原資とする介護報酬や措置費・委託費の収入により社会福祉事業等の事業を運営しており、公益性の高い法人として税制優遇措置が講じられていることから、いわゆる内部留保の実態を明らかにすると同時に、社会福祉に再投下が可能な内部留保を「社会福祉充実残額」とした上で、国民に対する説明責任を果たすことが求められることとなりました。

　社会福祉充実残額の算定方法は以下のとおりです（改正法55の2①）。

貸借対照表の資産の部に計上した額 (55の2①一)	貸借対照表の負債の部に計上した額 (55の2①一)
	基準日において行っている事業を継続するために必要な財産の額として厚生労働省令で定めるところにより算定した額 (55の2①二)
	社会福祉充実残額

第3節　詳　論　157

ここでの注意点は、どの時点の金額が基礎となるのかということですが、「資産の部に計上した額」および「負債の部に計上した額」は「前会計年度」の貸借対照表の額とされています。そして、「事業を継続するために必要な財産の額として厚生労働省令で定めるところにより算定した額」は基準日現在での算定とされており、同項本文において基準日とは当該会計年度の「前会計年度の末日」とされていることから、第二号においても「前会計年度の末日」の全額が基準となります。

　この社会福祉充実残額は、後述する「社会福祉充実計画」の作成の基礎となり、この計画を所轄庁に提出した上で、その承認を受けなければならないとされています。この承認の申請は、毎会計年度終了後3か月以内に、計算書類・財産目録等の届出と同時に行わなければなりません（改正法55の2②）。したがって、その提出の日の属する会計年度の前会計年度の末日の金額が社会福祉充実残額算定の基礎となります。

〈会計年度のイメージ〉

> **第55条の2　（社会福祉充実計画の承認）第1項**
> 　社会福祉法人は、毎会計年度において、第一号に掲げる金額が第二号に掲げる金額を超えるときは、厚生労働省令で定めるところにより、当該会計年度の前会計年度の末日（同号において「基準日」という。）において現に行っている社会福祉事業若しくは公益事業（以下この項及び第3項第一号において「既存事業」という。）の充実又は既存事業

以外の社会福祉事業若しくは公益事業（同項第一号において「新規事業」という。）の実施に関する計画（以下「社会福祉充実計画」という。）を作成し、これを所轄庁に提出して、その承認を受けなければならない。ただし、当該会計年度前の会計年度において作成した第 11 項に規定する承認社会福祉充実計画の実施期間中は、この限りではない。

　　一　当該会計年度の前会計年度に係る貸借対照表の資産の部に計上した額から負債の部に計上した額を控除して得た額

　　二　基準日において現に行っている事業を継続するために必要な財産として厚生労働省令で定めるところにより算定した額

第 3 節　詳　　論　　159

参考 社会福祉充実残額の算定

貸　借　対　照　表

資産の部			負債の部		
	当年度末	前年度末		当年度末	前年度末
流動資産	13,300	11,800	流動負債	2,000	2,000
現預金	13,000	11,500	事業未払金	1,500	1,500
その他流動資産	300	300	その他流動負債	500	500
固定資産	18,300	19,000	固定負債	9,500	10,500
基本財産	12,500	12,500	設備長期借入金	8,000	8,500
土地	5,000	5,000	長期運営資金借入金	1,000	1,500
建物	3,000	3,500	その他固定負債	500	500
定期預金	4,500	4,000			
			負債の部合計	11,500	12,500
その他固定資産	5,800	6,500	純資産の部		
土地	3,000	3,000	基本金	10,000	10,000
建物	2,000	2,500	国庫補助金等特別積立金	2,500	3,000
その他固定資産	800	1,000	その他積立金	1,000	1,000
			次期繰越活動増減差額	6,600	4,300
			(うち当期活動増減差額)	(1,100)	(800)
			純資産の部合計	20,100	18,300
資産の部合計	31,600	30,800	負債・純資産の部合計	31,600	30,800

【社会福祉充実残額の算定】

資産の部合計	31,600	
△負債の部合計	△ 11,500	
△厚生労働省令で定める額	△　　—	※
社会福祉充実残額	×××	

※　今後、算定式は厚生労働省令で明確化されるものと思われます。

(2) 社会福祉充実計画（再投下計画）の作成・承認

　先にも述べたように、社会福祉法人は公費等を原資とした報酬や措置

費・委託費により運営されていること、介護保険、措置制度等の公的制度により安定収入を得られるという事業の特性を踏まえ、社会福祉法人の内部留保は、必要最低限の財産を除き、社会福祉事業または公益事業に再投下されることが適当です。すなわち内部留保の算定を経て、現在の事業以外に活用できる財産を保有している場合には、社会福祉法人の趣旨・目的に従い、これを計画的に社会福祉事業または公益事業により供給されるサービス、いわゆる福祉サービスに再投下し、地域に還元することが求められます。

その仕組みとして、社会福祉法人は、毎会計年度において、再投下可能額（社会福祉充実残額）がある場合には、社会福祉充実計画を作成し、これを所轄庁に提出して、その承認を受けなければならないこととされました。ただし、社会福祉充実計画の実施期間中はこの限りではありません（改正法55の2①）。

この社会福祉充実計画には、以下の事項を記載します（改正法55の2③）。

a. 充実させる既存事業または新規事業（以下「社会福祉充実事業」）の規模および内容
b. 社会福祉充実事業を行う区域（以下「事業区域」）
c. 社会福祉充実事業の実施に要する費用の額（以下「事業費」）
d. 社会福祉充実残額
e. 社会福祉充実計画の実施期間

表中のaについては、次に掲げる事業の順にその実施について検討し、行う事業を記載しなければならないこととされています（改正法55の2④）。

第3節 詳 論 161

a. 社会福祉事業または公益事業（第2条第4項第4号に掲げる事業に限る）
b. 公益事業（aに掲げる公益事業を除き、日常生活または社会生活上の支援を必要とする事業区域の住民に対し、無料または低額な料金で、その需要に応じた福祉サービスを提供するものに限る。以下「地域公益事業」）
c. 公益事業（aおよびbに掲げる事業を除く）

　また、社会福祉充実計画の作成に当たっては、事業費および社会福祉充実残額について、公認会計士または税理士その他財務に関する専門的な知識経験を有する者の意見を、地域公益事業を行う場合は、当該地域公益事業の内容および事業区域における需要について、当該事業区域の住民その他の関係者の意見を聴くこととされ（改正法55の2⑤、⑥）、評議員会の承認を受けなければならないこととされています（改正法55の2⑦）。

【図表-14】社会福祉充実計画のイメージ

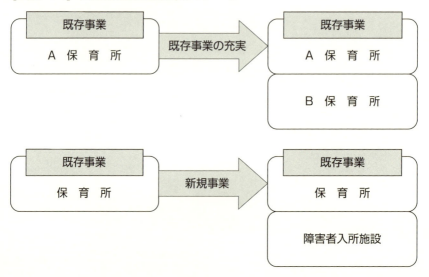

【図表-15】社会福祉充計画から社会福祉充実事業実施までの流れ

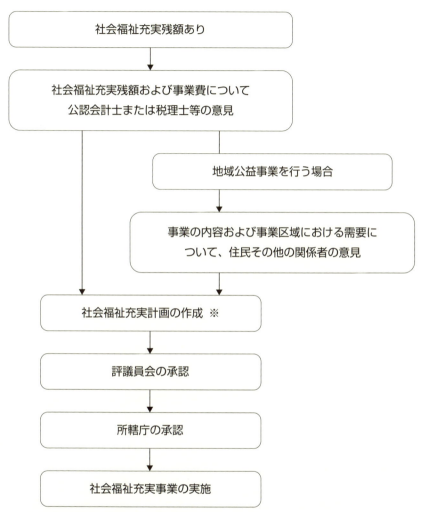

※ 改正社会福祉法の条文の記載ではこのような流れになりますが、社会福祉充実計画の作成については、公益事業以外についても住民のニーズに合致していることが求められています。

(3) 社会福祉充実計画の変更

　社会福祉充実計画の承認を受けた社会福祉法人は、その計画を変更しようとするときは、原則として、あらかじめ所轄庁の承認を受けなければなりません（改正法55の3①）。軽微な変更（厚生労働省令で定めるところによる）についての承認は不要ですが、軽微な変更をしたい場合には、遅滞なく届出が必要となります（改正法55の3②）。ここでの注意点は、社会福祉充実計画の承認を受けた会計年度の翌会計年度以降の取扱いです。法の趣旨等から推察すると以下のようになるものと考えられます。

　承認を受けた社会福祉充実計画の実施期間中は、新たな社会福祉充実計画の作成・承認が不要であることは先述のとおりですが、例えば、当初の計画が承認された時点での社会福祉充実残額が1億円あり、これを既存の保育所事業充実のために投下、その期間が5年であったとします。

　ここで、翌会計期間に社会福祉充実残額がさらに5,000万円発生した場合において、どのように取扱うべきかという論点があります。この場合、当初の既存保育所事業の充実に係る社会福祉充実計画の実施期間中であるため、その5,000万円を投下する新たな社会福祉充実計画の作成・承認は不要と考えられますが、下図に示したとおり、追加的に発生した社会福祉充実残額について、既存の社会福祉充実計画の変更が求められることも想定されます。この取扱いについては、通知等によって明らかにされることが待たれます。

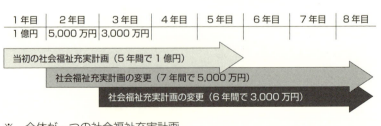

※　全体が一つの社会福祉充実計画

【図表-16】社会福祉充実計画の変更のイメージ

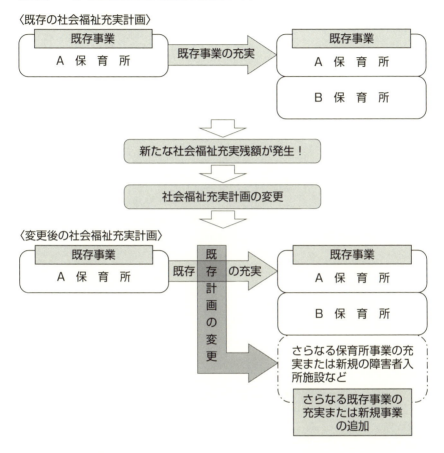

(4) 社会福祉充実計画の終了

　社会福祉充実計画の承認を受けた社会福祉法人は、やむを得ない事由により、承認社会福祉充実計画に従って事業を行うことが困難であるときは、あらかじめ所轄庁の承認を受けて当該承認社会福祉充実計画を終了することができるとされています（改正法55の4）。

コラム 16　社会福祉充実計画の副次的な効果

　社会福祉法人は公益性・非営利性の高い法人であることから、収益性のみを追求するべき法人ではありませんが、その一方で、安定的に福祉サービスを提供していくためには、一定の収益性を確保し、安定した経営基盤を構築することも重要であるといえます。

　独立行政法人福祉医療機構から平成 27 年 9 月に発表された「赤字分析からみる社会福祉法人の経営リスク」レポートによると、赤字に至るまでの経営上の推移として、黒字法人は資産が増加していくのに対し、赤字法人は横ばいで推移しているという分析結果が出ています。

　すなわち、黒字法人は新たな事業開始を含めた設備投資または既存設備の更新としての設備投資を積極的に行っているのに対し、赤字法人は設備投資を行っていないということを表しており、赤字法人と黒字法人で発生した収支状況の差は、投資活動の有無に起因しているといえます。

166　第 3 章　財務はこう変わる

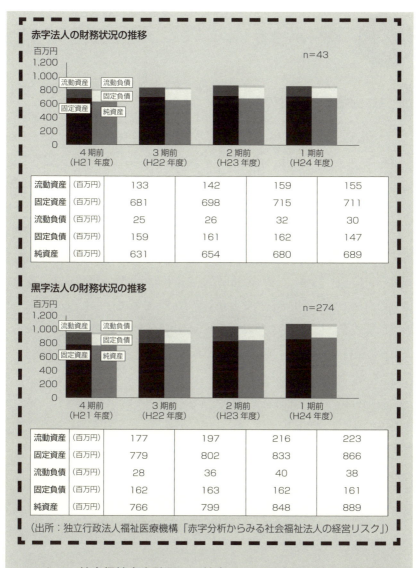

赤字法人の財務状況の推移

		4期前(H21年度)	3期前(H22年度)	2期前(H23年度)	1期前(H24年度)
流動資産	(百万円)	133	142	159	155
固定資産	(百万円)	681	698	715	711
流動負債	(百万円)	25	26	32	30
固定負債	(百万円)	159	161	162	147
純資産	(百万円)	631	654	680	689

黒字法人の財務状況の推移

		4期前(H21年度)	3期前(H22年度)	2期前(H23年度)	1期前(H24年度)
流動資産	(百万円)	177	197	216	223
固定資産	(百万円)	779	802	833	866
流動負債	(百万円)	28	36	40	38
固定負債	(百万円)	162	163	162	161
純資産	(百万円)	766	799	848	889

(出所:独立行政法人福祉医療機構「赤字分析からみる社会福祉法人の経営リスク」)

つまり、社会福祉充実計画は、社会あるいは地域に対する貢献計画であると同時に、法人経営にとっても、安定的な福祉サービスを継続的に提供するための安定した経営基盤の構築に資するという副次的な効果があるものと思われます。

3 会計の論点

(1) 金融商品会計のポイント

　「社会福祉法人審査基準 第2 法人の資産」（厚生労働省）によれば、基本財産については、現金、預金、確実な有価証券または不動産に限ると定められており、株式・株式投資信託・金・外貨建債券等の価値の変動の激しい財産や美術品・骨董品等客観的評価が困難で価値の不安定な財産、建築・建造物等の減価する財産、回収が困難になるおそれのある方法（融資）等で運用することは、原則として適当ではないと考えられます。基本財産以外の資産（運用財産、公益事業用財産、収益事業用財産）については、安全、確実な方法で管理運用を行うことが望ましいとされているものの、株式投資又は株式を含む投資信託等による管理運用も認められています（ただし、子会社の保有のための株式保有等は認められず、株式の取得は公開市場を通してのもの等に限られます）。

　社会福祉法人が金融商品を保有する場合の評価方法については、**図表-17** のとおりになります。

【図表-17】 金融商品と貸借対照表価額

金融商品	貸借対照表価額
受取手形、未収金、貸付金等の債権	取得価額から徴収不能引当金を引いた価額
株式、債券、投資信託等の有価証券	満期保有目的の債券：償却原価 その他の有価証券：時価
受贈、交換	取得時における公正な評価額

※ 「会計基準省令 第 4 条 資産の評価」参照

■ 金融商品の評価方法

　会計基準省令第 4 条では、金融商品の評価方法について、上記**図表-17**のように定めています。有価証券については、満期保有目的の債券等以外の有価証券のうち市場価格のあるものは、時価をもって貸借対照表価額とします。また、「満期保有目的の債券」であって、債権金額よりも低い価格または高い価格で取得した場合、その差額は金利の調整として償却原価法に基づいて処理しなければなりません（運用上の取り扱い 15）。しかしその金額が少額で重要性が乏しい場合、償却原価法を適用しないことも選択できます（運用上の取り扱い 1 (4)）。償却原価法は原則として利息法を採用しますが、継続して適用することを条件に、簡便法である定額法を採用することができます。

第 3 節　詳　　論　　169

> ◆満期まで保有する目的の債券 ⇒ 償却原価法に基づいて算定された価額
> ◆その他の有価証券
>   （市場価値のあるもの）⇒ 会計年度末の時価
>   （市場価値のないもの）⇒ 取得価格※
>   ※ 取得価格：購入代価＋付随費用（手数料等）

　社債その他の債券で、保有期間が漠然としている場合や、状況によって売却が予想される場合、法律や資金繰りなどで長期保有するのが困難と判断される場合は、満期まで保有することができないかもしれません。その場合は、たとえ償還日が定められていて、額面金額による償還額が予定されていても「満期保有目的の債券」に分類できないことになりますので、市場価格のある場合は時価、市場価格のないものは取得価額で評価します。

2 株式保有の条件

　社会福祉法人が株式を保有できるのは、次の2つの場合に限られます（社会福祉法人審査要領 第2 法人の資産(8)）。

〈株式保有の2つの条件〉

> （i） 基本財産以外の資産の管理運用のためで、上場株式のように、証券会社の通常の取引を通じて取得できるものに限る。
> （ii） 設立時もしくは設立後に基本財産として寄附された場合。

※株式を保有しても実質的に支配することのないようにしなければなりません。

【図表-18】 株式、債券、信託等の時価評価

	市場状況	参照	評価額
株式	原則	市場の公表	取引価格の終値
	終値なし	市場の公表気配	売り気配なら最安値 買い気配なら最高値 （両方ある場合は中値）
債券	原則	株式取引に準ずる	終値か気配値
	市場価格なし	市場価格に準ずる	合理的に算定（理論価格方式、批准価格方式等）
投資信託等投資信託	原則	市場の公表	市場価格
	市場価値なし	証券投資信託委託会社、ベンダー等	合理的に算定（入手した基準価格、評価価格）

(出所：医療機関・福祉施設を応援する会計事務所の会『新会計基準対応！Q&A社会福祉法人の「設立・運営・会計・税務」ハンドブック』セルバ出版 2011年)

(2) 固定資産・減損会計のポイント

　社会福祉法人は、利用者に居心地よい空間を提供するために、建物や設備の維持が不可欠です。それらの資産は時の経過や使用によって古くなり、価値が減じていきますから、取得価額を毎期一定の方法で減額していきます。これを減価償却といい、減価償却費は毎期の費用として計上されます。また、固定資産については、投資額の回収が困難になった場合に、固定資産の帳簿価額を切り下げる会計処理があります。これを減損会計といいますが、社会福祉法人では民間企業と異なるルールになっており、留意が必要です。

第3節　詳　　論　171

1 固定資産価額と減価償却

　耐用年数が 1 年未満で、かつ 10 万円未満の支出であれば、減価償却を行わずに一括して費用計上が可能です。また、土地など経年により価値が下がらないものについては減価償却を行う必要がありません（運用上の取り扱い 16）。なお、取得価額には、引取運賃、運送保険料、購入手数料、据付費、試運転費用など資産取得のために通常要する付随費用も含めます。

　実務上では、決算でまとめて計上するのではなく、月次で計上することにより、施設の正しい財政状況の把握ができます。資産には付番して売却・廃棄等の異動情報の漏れが無いように記録して、管理台帳を作成します。

　建物の増築・拡張などを行った場合、修繕ではなく建物等の取得に当たりますが、実務上は税務上の判断基準に準じてその金額が 20 万円未満で 3 年以内の周期で行われている等の要件を満たす場合には、修繕費として処理することが一般的と考えられます。減価償却の方法としては、有形固定資産については定額法または定率法のいずれかの方法で償却計算を行いますが、ソフトウェア等の無形固定資産については、定額法で償却計算を行うものと定められています（運用上の取り扱い 16）。

2 固定資産の時価が下落したときの評価

　社会福祉法人における減損会計の適用方法は、企業会計と同じではありません。「資産の時価が著しく下落したときは、回復の見込みがあると認められる場合を除き、時価をもって貸借対照表価額としなければならない」（会計基準省令 4 ③）とされ、原則として、強制評価減を行う必要があります。ただし、使用価値が時価を超えるものについては、帳簿価額を超えない限りにおいて、使用価値を付すことが認められます。

　使用価値の算定は、継続的使用と使用後の処分により生ずると見込まれる将来キャッシュ・フローの現在価値をもって算定します。評価できるのは、対価を伴う事業に供している固定資産に限られます（運用上の取り扱い 注 18⑵）。

172　第 3 章　財務はこう変わる

〈減損会計判定表〉

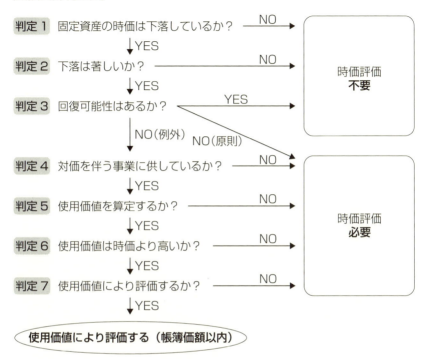

(出所:日本公認会計士協会「社会福祉法人会計基準に関する実務上のQ&A Q17」より作成)

3 国庫補助金等特別積立金

　利用者の負担を軽減する目的により、社会福祉法人が施設および設備の整備のために補助金等を利用した場合、国庫補助金等特別積立金に、受領した補助金、助成金、交付金等の額を計上するものとしています（会計基準省令6②）。また、その積立は同項に規定する国庫補助金等の収益額を事業活動計算書の特別収益に計上した後、その収益に相当する額を国庫補助金特別積立金積立額として、特別費用に計上して行います（運用上の取り扱い10）。

第3節　詳　論　173

ア　国庫補助金の範囲

　国庫補助金等とは、施設整備事業に対する補助金など、主として固定資産の収得に充てられることを目的として、国及び地方公共団体から受領した補助金、助成金および交付金等をいい、自転車競技法第24条第6号などに基づいたいわゆる民間公益補助事業による助成金等、共同募金会から受ける受配者指定寄付金以外の配分金も含みます。

イ　国庫補助金等特別積立金の積立と取崩し

　会計基準省令第6条第2項および運用上の取り扱い10に規定する国庫補助金等特別積立金については、国又は地方公共団体等から受け入れた補助金、助成金および交付金等の額を各拠点区分で積み立てることとしています。そして、その効果を発揮する期間にわたって支出対象経費（主として減価償却費）の期間費用計上に対応して国庫補助金に相当する額を取り崩し、サービス活動費用の控除項目として計上します。

ウ　国庫補助金等特別積立金と減損会計

　減損会計対象資産のうち、取得時の財源が国庫補助金等だった場合は、国庫補助金等に相当する金額を取り崩します。事業活動計算書の中の特別増減の部にある、国庫補助金等特別積立金取崩額等に反映されます。

(3)　リース会計のポイント

　初期投資を抑えて容易に始めることのできるリース契約を利用している施設は数多くあります。事務等で使用する複合機、調理場の調理機械、送迎の福祉車輛、福祉器具、就労支援の商品作製機器等、幅広い種類があり、メンテナンスや対応もよいという話もよく聞きます。しかしながら、高額なリース契約については、支払のタイミング、資産所有権等を含めたメリット・デメリットを十分検討し、購入のケースと比較してシミュレーションすることが望まれます。

174　第3章　財務はこう変わる

【図表-19】リース契約と購入の比較検討内容

	リース契約のメリット	リース契約のデメリット
初期費用等	・纏まった資金・頭金・担保等が不要	・総額では購入するよりも高額となる場合が多い（利息負担等）
資金・運営等	・全額経費処理できる（オペレーティング・リースの場合） ・リース期間により、法定耐用年数よりも早期償却が可能	・満了後の継続使用に再リース料がかかる
管理・事務処理	・減価償却の計算、不具合の対応など事務処理が軽減される ・保険の付保等の固定資産管理コストが減る	

① 社会福祉法人のリース会計

社会福祉法人のリース取引に係る会計処理は、原則として企業会計と同じようにリース会計基準に従い、ファイナンス・リース取引とオペレーティング・リース取引に分類して会計処理を適用します。なお、少額のリース取引や期間が1年以内のリース取引等、重要性が乏しい場合は、通常の賃貸借取引に準じて会計処理を行うことができます（運用上の取り扱い1(5)）。

② リース取引の判定

契約されたリース取引が、上記の重要性が乏しい場合に該当しない場合、まず、ファイナンス・リース取引に該当するかオペレーティング・リース取引に該当するかの判断が必要になりますが、その判断には、物件の特性、経済的耐用年数、特殊な仕様の有無等を勘案することになります。

③ ファイナンス・リース取引

　リース料総額の割引現在価値が、見積現金購入価額の90％以上か、または、解約不能の期間が当該リース物件の経済的耐用年数のおおむね75％以上の場合には、ファイナンス・リース取引に該当します。

④ ファイナンス・リース取引の減価償却

　ファイナンス・リース取引については、原則として通常の売買取引に準じて会計処理を行います。具体的には、リース料総額から利息相当額等を控除した額をリース資産の取得価額とし、リース期間にわたり減価償却を行います。リース債務についても同様に、原則としてリース料総額から利息相当額を控除した額を計上し、リース料の支払いに応じて、リース料のうち利息分を除いた元本分をリース債務から減額していきます（運用上の取り扱い8）。

⑤ ファイナンス・リース取引の利息配分方法

　利息相当額の処理については、重要でなければ控除しない方法を採用することができます（運用上の留意事項20イ）。

〈利息相当額の処理に係る重要性の判定（法人全体）〉

$$\frac{\text{未経過リース料の期末残高}}{\underset{\text{の期末残高}}{\text{未経過リース料}} + \underset{\text{の期末残高}}{\text{有形固定資産}} + \underset{\text{の期末残高}}{\text{無形固定資産}}} < 10\%$$

⑥ オペレーティング・リース取引

　所有権移転条項の定め等がない土地のリース取引や、ファイナンス・リース取引以外のリース取引が、オペレーティング・リース取引に該当します。すべてを賃借料で処理することができることと、契約満了時に残存価額を設定してリース料の月々の支払額を安く設定できるメリットがあります。

⑷ 引当金のポイント

　引当金は、近い将来の支出につき、合理的に予測できる場合、あらかじめ発生時点の費用として計上することにより適正な期間損益計算を可能とするものです。社会福祉法人において計上する引当金については、当分の間、原則として「徴収不能引当金」「賞与引当金」「退職給付引当金」に限られます（運用上の留意事項18⑷）。重要性が低い場合は計上の必要はありませんが、原則として、一度採用した処理は継続して適用する必要があります。会計上、引当金の計上要件として、次の4つを満たす必要があります（運用上の取り扱い18）。

> ◆将来の費用または損失であること
> ◆発生は当期以前の事象に起因すること
> ◆発生可能性が高いこと
> ◆その金額を合理的に見積もることができること

1 賞与引当金

　職員との雇用関係に基づき、翌期に支給する職員の賞与のうち、支給対象期間が当期に帰属する部分の支給見込額について、賞与引当金繰入額として費用に計上し、負債として認識すべき残高を賞与引当金として流動負債に計上します（運用上の取り扱い18⑵⑶、運用上の留意事項18⑵）。

2 徴収不能引当金について

　介護保険制度改正により、利用者負担も平成27年8月から一定所得者の負担額が2割となりました。利用者負担金の回収に問題が生じるケースも想定できます。保有する債権残高に対して、徴収が不可能になる場合

第3節　詳　論　177

に備えて、徴収不能引当金を計上します。徴収不能引当金は企業会計における貸倒引当金と類似した性質の引当金であり、その見積方法は、過去の実積率によるものと、個別の評価が必要な場合の２種類あります。

徴収不能引当金判断の基準

徴収不能の可能性	処理方法
一般債権	過去の徴収不能の発生割合を乗ずる
一般債権以外の債券	個別に引き当てる

〈過去の発生割合の算式（社会福祉法人モデル経理規程細則より）〉

$$\frac{当会計期間を最終年度とするそれ以前３会計期間の徴収不能額\ の合計額}{当会計期間を最終年度とするそれ以前３会計期間の末日の\ 一括評価債権金額\ の合計額} = 発生割合$$

3　退職給付引当金

退職給付は、一定の期間勤務した労働の対価によって支払われる賃金の後払いという考え方に基づいています。職員に退職金を支給することが定められている場合、将来支給する退職金のうち、その会計年度で負担すべき金額を当該会計年度の費用に計上し、将来の負債として認識すべき残高を、退職給付引当金として計上します（運用上の取り扱い18(4)）。

4　社会福祉法人の退職金制度の類型

社会福祉法人で取り扱われている退職金については、法人独自でも積み立てられますが、大きく分けて２つの退職金制度を多くの法人が採用し

178　第３章　財務はこう変わる

ています。独立行政法人福祉医療機構の実施する退職金制度と、都道府県等が実施する退職金制度です。

5 福祉医療機構が実施する退職金制度

独立行政法人福祉医療機構では外部拠出型の退職金制度を採用しています。月々の掛金を支払うほかには、追加的な負担義務がありません。そのため、当該制度に基づく要拠出額である掛金額をもって費用処理します。退職金の支払いの時も、法人を通さないで直接本人に支払われますので、引当金の計上は不要です（運用上の留意事項21イ）。

6 都道府県等が実施する退職金制度

都道府県等が実施する退職金制度において、退職一時金などは内部積立で一時金を支払う仕組みを持つ確定給付制度が採用されています。原則的な処理は、期末退職金要支給額（約定の額）で引当金を計上します。ただし、被共済職員個人の拠出金がある場合は、すでに拠出した累計額を差し引いた額を計上します。また、簡便法として、期末退職金要支給額（約定の給付額から被共済職員個人がすでに拠出した掛金累計額を差し引いた額）を退職給付金とし同額の退職給付引当資産を計上する方法や、社会福祉法人の負担する掛金額を退職給付引当資産とし同額の退職給付引当金を計上する方法も認められています（運用上の留意事項21ウ）。

【図表-20】社会福祉法人における退職給付引当金の会計処理

採用している 退職金制度	会計処理方法	退職給付引当資産	退職給付引当金
(独)福祉医療機構の実施する社会福祉施設職員等退職手当共済制度	——	——	掛金を費用処理するため、引当計上不要
都道府県等が実施する退職共済制度	原則法	掛金累計額 （法人負担）	期末要支給額 （※1）
	簡便法 1	期末要支給額 （※1）	期末要支給額 （※1）
	簡便法 1	掛金累計額 （法人負担）	掛金累計額 （法人負担）
法人独自の退職金規程	原則法	——	数理計算を実施
	簡便法（※2）	——	期末要支給額

（※1） 約定の給付額から職員個人負担累計額を控除した金額
（※2） 職員数 300 人未満の法人において採用可。職員が 300 人以上あっても、数理計算結果に一定の高い信頼性が得られない（年齢、勤務期間の偏り等の存在）法人や原則法により算定した場合の額と期末要支給額の差異に重要性が乏しいと考えられる法人においても採用可。

(5) 注記・財産目録のポイント

　財産目録は、法人全体を表示するものとし、当該会計年度末のすべての資産と負債の名称、数量、金額等を詳細に表示するものとします。貸借対照表の純資産の部合計と財産目録（次ページ参照）の差引純資産が一致しているか、登記簿謄本記載の住所と一致しているか、必ず確かめる必要があります。

　注記に関するポイントをまとめると 182 ページ**図表-21** のとおりです。

財 産 目 録

平成 年 月 日現在

(単位：円)

資 産 ・ 負 債 の 内 訳	金 額
I 資産の部	
1 流動資産	
現金預金	
現金　　　　　　　　　　現金手許有高	
普通預金　　　　　　　　○○銀行　○○支店	
事業未収金　　　　　　　○月分介護料	
……………　　　　　　　………………	
流動資産合計	
2 固定資産	
(1) 基本財産	
土地　　　　　　　　　　所在地番○○　地目○○	
建物　　　　　　　　　　所在○○　家屋番号○○　種類○○	
定期預金　　　　　　　　○○銀行　○○支店	
基本財産合計	
(2) その他の固定資産	
車輌運搬具　　　　　　　車輌 No.＊＊＊	
○○積立資産　　　　　　○○銀行　○○支店	
……………　　　　　　　………………	
その他の固定資産合計	
固定資産合計	
資産合計	
II 負債の部	
1 流動負債	
短期運営資金借入金　　　○○銀行　○○支店	
事業未払金　　　　　　　○月分水道光熱費	
職員預り金　　　　　　　○月分源泉所得税	
……………　　　　　　　………………	
流動負債合計	
2 固定負債	
設備資金借入金　　　　　独立行政法人福祉医療機構	
………………	
固定負債合計	
負債合計	
差 引 純 資 産	

(出所：厚生労働省「社会福祉法人会計基準の制定に伴う会計処理等に関する運用
　　　上の取扱いについて」別紙4より作成)

【図表-21】計算書類の注記項目

「会計基準省令」第29条	法人全体	拠点区分	該当がない場合の記載方法
継続事業の前提に関する注記（継続事業存続危機など）	○	不要	記載不要
資産の評価基準および評価方法、固定資産の減価償却方法、引当金の計上基準等財務諸表の作成に関する重要な会計方針	○	○	「該当なし」
重要な会計方針を変更したときは、その旨、変更の理由および当該変更による影響額	○	○	記載不要
法人で採用する退職給付制度	○	○	「該当なし」
法人が作成する財務諸表と拠点区分、サービス区分	○	○	「該当なし」
基本財産の増減の内容および金額	○	○	「該当なし」
会計基準第3章第4(4)および(6)の規定により、基本金または国庫補助金等特別積立金の取り崩しを行った場合には、その旨、その理由及び金額	○	○	「該当なし」
担保に供している資産	○	○	「該当なし」
固定資産について減価償却累計額を直接控除した残額のみを記載した場合には、当該資産の取得価額、減価償却累計額および当期末残高	○	○	記載不要
債権について徴収不能引当金を直接控除した残額のみを記載した場合には、当該債権の金額、徴収不能引当金の当期末残高および当該債権の当期末残高	○	○	記載不要
有価証券の注記（満期保有目的の債権の内訳並びに帳簿価額、時価および評価損益）	○	○	「該当なし」
関連当事者との取引の内容	○	不要	「該当なし」
重要な偶発債務	○	不要	「該当なし」
重要な後発事象（翌会計年度以降の影響について）	○	○	「該当なし」
その他社会福祉法人の資金収支および純資産増減の状況ならびに資産、負債および純資産の状況を明らかにするために必要な事項	○	○	「該当なし」

※ 不要は、項目の記載を省略できるもの。「該当なし」は、該当項目がない場合でも「該当なし」と注記する必要があります（会計基準省令29、運用上の取り扱い21、運用上の留意事項25(1)(2)）。

4 税務の論点

(1) 源泉所得税のポイント

　源泉所得税の徴収義務者は、給与や報酬などの支払者が、その支払う金額から一定の所得税を差し引いて徴収し、国に法定納付期限までに納めなくてはなりません（所得税法183）。これを怠ると、徴収義務を怠ったとみなされ、加算税や延滞納税などの罰則が科せられます。また、金融機関等からの融資に際しても不利となります。従って、漏れがないように確実に徴収し、徴収した月の翌10日までに当該源泉徴収額を税務署に納めます。その後、通年の計上額を集計して、法定調書合計表と支払調書を作成し、翌年の1月末までに税務署に届け出ます。また、同時期に給与所得の支払調書を各市区町村に送付するまでが源泉所得税に係る事務の一連の流れとなります。ここでは、はじめに給与以外で源泉所得税徴収が必要となる例をいくつかみてみましょう。

■ 研修での講演報酬

　研修会を主催して招へいし、演者としての講師に支払う講演料は、支払額の10.21％（同一人に対する1回の支払額が100万円を超える場合は、100万円を超える額については20.42％）を徴収します（所得税法204①一）。

■ レクリエーションでの芸能人への報酬

　行事や催し物などに芸能人や演奏会を披露したとき、出演者に支払う報酬は、支払額の10.21％（同一人に対する1回の支払額が100万円を超える場合は、100万円を超える額については20.42％）を徴収します（所得税法204①五）。

■ 日当、御車代

　委員会や理事会への出席に際して、お車代の名目で謝礼を支払っている

第3節　詳　論　183

法人をよく見かけます。例えば、委任契約に基づき、たとえ内容が謝礼、研究費、取材費、車代などの名目で支払われていても、他人の指揮監督の下に提供された対価であるなど、その実態は「給与等」に該当するケースがあります。これらの支払は税務調査で指摘対象となりやすいため、源泉徴収税額の判断に当たり注意が必要です。では、「交通費」として支払う場合はどうでしょうか？　その支出する金額が報酬の支払をする者から交通機関、ホテル、旅館等に直接支払われ、かつ、その金額が通常必要であると認められる範囲内のものであるときは、源泉徴収をしなくても差し支えありません（所得税基本通達204-4）。従って、「直接」交通機関等に支払うか、または、他の従業員と同じように交通費明細請求書等を作成すれば、適正な金額である限り、報酬として源泉所得税が課されることはありません。

■ (2)　給与に該当する福利厚生費

役員または従業員が勤務先から支給される何らかの便益を受けた場合、現物による給与の支給とみなされて給与として課税されないためには、いくつかポイントがあります。どのようなことに注意すればよいのでしょうか。

■ 食事の支給

食事を支給する場合、食する役員または従業員が食事の価額の50％以上を負担すれば、従業員が食事の支給により受ける経済的利益はないものとして課税されません。ただし、使用者の負担額が消費税抜きで月額3,500円を超えるときは、現物給与として課税されます（所得税基本通達36-38の2）。

■ 永年勤続者の記念品支給

長期の労に報いるために支給する永年勤続者の記念品は、次の2つの要件を満たす場合には、課税の対象とはなりません（所得税基本通達36-

21)。

◆その利益の額が、当該役員または使用人の勤続期間に照らし、社会通念上相当と認められること

◆その表彰がおおむね10年以上の勤続年数の者を対象とし、かつ、2回以上表彰を受ける者については、おおむね5年以上の間隔をおいて行われるものであること

３ 創業記念品支給

役員や従業員に支給する創業記念、工事完成記念など、次の２つの要件を満たす場合には、金銭として支給される場合を除き、課税の対象とはなりません（所得税基本通達36-22）。

◆その支給する記念品が社会通念上記念品としてふさわしいものであり、かつ、そのものの価額（処分見込価額により評価した価額）が１万円以下のものであること

◆創業記念のように一定期間ごとに到来する記念に際し支給する記念品については、創業後相当な期間（おおむね5年以上の期間）ごとに支給するものであること

４ 商品、製品等の値引き販売

役員や従業員に対し、就労支援で作った商品の値引き販売をする場合において、次の３つの要件を満たすときは、課税の対象とはなりません（所得税基本通達36-23）。

◆値引販売に係る価額が使用者の取得価額以上であり、かつ、通常他に販売する価額に比して著しく低い価額（通常他に販売する価額のおおむ

第3節 詳 論 185

ね70%未満）でないこと

◆値引率が、役員もしくは使用人の全部につき一律に、またはこれらの者の地位、勤続年数等に応じて全体として合理的なバランスが保たれる範囲内の格差を設けて定められていること

◆値引販売をする商品等の数量は、一般の消費者が自己の家事のために通常消費すると認められる程度のものであること

5 制服支給

役員や従業員に対してユニフォームや白衣など、制服と同様に職務上必要な身の回り品として支給される場合、金銭として支給される場合を除き、課税されません（所得税法9①六、所得税法施行令21二、三）。

6 技術や知識の習得費用

役員や従業員に対し、業務遂行上の必要に基づき技能等の取得費用を負担する場合には、適正なものである限り、次の3つのいずれかの要件を満たすときは、課税の対象とはなりません（所得税基本通達9-15）。

◆職務に直接必要な技術もしくは知識を習得させる費用であること
◆職務に直接必要な免許もしくは資格を取得させるための研修会や講習会等の出席費用であること
◆職務に直接必要な分野の大学等における聴講費用に充てるための費用であること

(3) 法人税のポイント

「社会福祉法人は、学校法人、宗教法人等と同様に旧民法第34条に基づく公益法人から発展した特別法人」であり、公益性を有し、非営利性を基本的性格としています（厚生労働省　第2回社会保障審議会福祉部会平成

186　第3章　財務はこう変わる

26年9月4日参考資料「社会福祉法人の基本的な性格」）。このことから、収益事業以外の事業から生じた所得に対する法人税については課さないと定められています（法人税法7）。しかし昨今、法の改正や時代の流れにより、社会福祉法人の活躍の場が広がり、従来のように措置委託制度の中で措置費を収入源としていた法人にも変革が求められ、独自の経営を行う施設も出てきました。今後の社会福祉法人をとりまく課税環境は、競合事業者も増え、当局の課税も強化する方向に進むと考えられています。では、どんな事業に法人税が課せられるのでしょうか。

■ 収益事業に該当するもの

収益に該当する事業は、法人税法上で定められた要件を満たす34業種の事業に該当し、なおかつ事業場を設けて、継続または定期的、もしくは不定期に反復継続して営まれるものが対象となります。また、これらの事業に関連して付随的に行われる行為も含まれます。

収益事業の例（34 業種）

1	物品販売業	13	写真業	25	美容業
2	不動産販売業	14	席貸業	26	興行業
3	金銭貸付業	15	旅館業	27	遊技所業
4	物品貸付業	16	飲食店業	28	遊覧所業
5	不動産貸付業	17	周旋業	29	医療保健業
6	製造業	18	代理業	30	技芸の教授等業
7	通信業	19	仲立業	31	駐車場業
8	運送業	20	問屋業	32	信用保証業
9	倉庫業	21	鉱業	33	無体財産権の提供業
10	請負業	22	土石採取業	34	労働者派遣業
11	印刷業	23	浴場業		
12	出版業	24	理容業		

② 設立の要件との関連

　社会福祉法人は、社会福祉事業のほかにも、公益事業および収益事業を行うことができ、設立認可の要件として、以下のように定められています。

◆公益事業を実施する場合は、社会福祉と関係のある事業であること
◆収益事業を実施する場合は、社会福祉事業または一定の公益事業の財源に充てること
◆上記事業は、本業である社会福祉事業の従たる地位にあること

　社会福祉法人が実施する事業が法人税法上の収益事業に該当するのか否かについては、個別の判定が必要になります。

3 **不動産の活用**

　法人所有の空いている土地を活用する場合、不動産貸付業等に該当するかどうかを判定します。

　社会福祉法人が生計困難者のために、無料または低額な料金で、簡易住宅を貸し付け、または宿泊所その他の施設を利用させる事業（改正法2③八）は、法人税法上の不動産貸付事業から除外されています（法人税法施行令5①五ハ）。

　また、社会福祉法人が相当期間（おおむね10年以上）にわたり保有していた土地、借地権、建物、構築物等の固定資産の譲渡、除却その他の処分損益は、収益事業に供されていたものでも、原則として法人税法上は収益事業の所得に含めないことができます（法人税基本通達15-2-10(1)）。

4 **有料老人ホーム**

　社会のニーズの変化に伴い、有料老人ホームや高齢者向け住宅の運営に参入する一般企業や社会福祉法人もみられるようになってきました。厚生労働省令で定めのある施設については、行政の委託費による実費弁償的な収入で運営しています。それ以外の有料老人ホームは、自由な経営が可能となる反面、法人税法上の収益事業に該当することとなります。

5 **チャリティーコンサート**

　社会福祉法人が実施するチャリティーの催物に係る剰余の全額が教育や社会福祉等のために支出されるもので、かつ、当該催物の参加者または関係者が何らの報酬も受けない慈善興業に該当する事業につき、所轄税務署長の確認を受けた場合には、収益事業に該当しないこととなります（法人税基本通達15-1-53(1)）。

⑷　消費税のポイント

　課税売上高が1,000万を超えると、消費税の納税義務が生じます。社会福祉法人であっても、取引分類と判断によって、消費税に納税義務者に

なる場合があります。では、どのような取引が課税対象になるのでしょうか。

■ 消費税の課税範囲

消費税の課税対象となる課税取引とは、国内において事業者が事業として対価を得て行う資産の譲渡、資産の貸付および役務の提供をいいます。

国内取引	課税の対象	課税取引
		非課税取引
	不課税取引	

■ 課税取引、非課税取引に該当するもの

社会福祉法人が実施する事業については、社会政策的配慮に基づくものとして、非課税取引に該当する取引が定められており、介護保険法の規定に基づく居宅介護サービス費の支給に係る居宅サービス、施設介護サービス費の支給に係る施設サービス、その他これらに類する一定のサービス、社会福祉法に規定されている社会福祉事業等が原則として非課税となります。ただし、一部の取引については、消費税の課税対象とされています（消費税法第6条別表第1第七号、消費税法基本通達6-7-1・同6-7-2）。

■ 消費税の課税対象となる取引の例

社会福祉法人において課税対象となる取引の例として、下記のものが挙げられます。

● 居宅サービスおよび施設サービスのうち、訪問入浴における特別な浴槽水等の提供、特別な療養室等の提供、特別な食事の提供及び通常の実施地域以外で行う送迎等（消費税法施行令14条の2第1項等の規定に基づく財務大臣が指定する資産の譲渡等を定める件）

190　第3章　財務はこう変わる

- 障害者支援施設、授産施設、地域活動支援センターを経営する事業または生活介護、就労移行支援、就労継続支援事業等において生産活動として行われる資産の譲渡等（消費税法第6条別表第一第7号ロ）
- 身体障害者用物品については、原則非課税ですが、消費税法施行令14条の4第1項（身体障害者用物品の範囲等）の規定に定められた身体障害者用物品に該当しない、特殊な性状、構造又は機能を持たない物品や、身体障害者用物品の一部を構成する部分品、改造製作の請負等（消費税法基本通達 第10節 身体障害者用物品の譲渡等関係）

4 消費税法の改正に伴う経過措置

有料老人ホームに係る終身入居契約（入居期間中の介護料金が入居一時金として支払われるなどの一定の要件を満たすものに限ります）については、平成25年10月1日から平成28年9月30日までの間に終身入居契約を締結し、施行日である平成29年4月1日前から同日以後引き続き介護に係る役務の提供を行っている場合には、平成29年4月1日以後に行われる入居一時金に対応する役務の提供について、経過措置の対象として8%の税率が適用されます。

■索 引

【ア 行】

悪意または重大な過失　88
イコールフッティング　7，59，102
委任契約　60，68
オペレーティング・リース取引　106

【カ 行】

会計監査人　24，48，83，129
　　──の解任等　85
　　──の職務　86
　　──の責任　89
　　──の設置　96，138
　　──の選任　130
　　──の任期　85
　　──の報酬　86
会計監査人監査　107，116，132
会計監査人設置義務　24
会計監査人設置社会福祉法人　88，115
会計監査人による監査　37
会計帳簿　24，40
　　──の閲覧・謄写　41
改善勧告　26
合併の手続　58
ガバナンス　3，38
　　──の強化　12，33，60
仮処分　82
勧告　54
監事　23，78
　　──の会計監査　38
　　──の解任等　79
　　──の職務　80
　　──の責任　89
　　──の選任　78
　　──の費用の請求　80

　　──の報酬　80
監事による解任　131
監事への報告義務　87
関連当事者との取引　106，112
規制改革会議　7，10
規制改革実施計画　8，11
競業避止義務　73
業務執行理事　69
拠点区分　105，109
金融商品会計　168
計算書類　24，41，114
　　──の閲覧・謄写　42
　　──の承認　21，42
　　──の届出・公表　42
決算スケジュール　119
減価償却費　171
現況報告書　10，18
源泉所得税　183
減損会計　171
兼務理事　72
公益事業　109，161
公益性　4，14
公益法人制度改革　8，19
公表　54
国庫補助金等特別積立金　173

【サ 行】

サービス区分　106，109，133，182
財産目録　42，86，117，180
財務諸表　6，45
　　──の公表　10
財務報告　135
裁量棄却　93
支給基準の届出・公表　47
事業活動計算書　109，114
事業区分　109

索　引　193

事業報告　37，80
資金収支計算書　109，114
社会福祉基礎構造改革　6
社会福祉事業　109，161
社会福祉充実計画　49，160
　　——の策定・実施　19
　　——の終了　165
　　——の変更　164
社会福祉充実残額　49，157
社会福祉充実事業　49
　　——の実施　50
社会福祉法人会計基準　45
収益事業　109，187
　　——の例　188
収支計算書　41，43，114
償却原価法　169
招集権者　74
消費税　189
責任限定契約　24，92
説明義務　22
善意　90
善管注意義務　63，88，89
善管注意義務違反　65
措置命令　26，54
損害賠償責任　24，36，88，89
　　——の一部免除　66
損害賠償責任を軽減する方法　90

【夕　行】

貸借対照表　41，43，114
退職手当　46
退職手当救済制度　58
忠実義務　73
定款　18，63，70，71，72，74，79，
　　　80，83，86，92
　　——の備置き・閲覧・公表　39
定時評議員会　114，116，130
特定社会福祉法人　18，96
特別決議　58，66，90

特別の利益　16
特別の利益供与の禁止　44，111
独立性　129

【ナ　行】

内部統制　121，123，132，135
　　——の限界　137
内部統制によるリスク軽減　133
内部留保　10，44，48，104，157

【ハ　行】

反社会的勢力　52
非営利性　4，14
引当金　145，177
非業務執行理事　92
評議員　21，34，60
　　——の刑事責任　67
　　——の責任　88
　　——の選任・解任　61
　　——の定数　95
　　——の任期　63
　　——の報酬　63
評議員会　21，34，60
　　——の決議による一部免除　90
　　——の決議の不存在　93
　　——の特別決議　58
評議員会での説明義務・報告義務　81
ファイナンス・リース取引　106，175
不正　121
附属明細書　109，114
報酬　35，46，72，80，104
法人本部　145

【マ　行】

満期保有目的の債券　106，169

194　索　引

【ヤ　行】

役員・会計監査人の選任・解任　21
役員等の解任の訴え　95

【ラ　行】

利益相反取引　23, 73
　——の制限　73
理事　23, 35, 68

——の義務　73
——の刑事責任　76
——の責任　88
——の選任・解任　70
——の任期　71
——の報酬　72
理事会　23, 35, 68, 74
理事会への出席義務　36, 81
理事会への報告義務　36, 81
理事長　35, 69
理事・理事長に対する牽制機能　34

◆編　著

鳥飼総合法律事務所

　企業法務および税務の分野を中心に幅広い業務を扱い、特に税務分野においては弁護士業界における先駆者であるとの自負を持つ。近年は、社会福祉法人や医療法人に関わる業務にも注力しており、各法人の日常的な法律相談、税務相談、労務管理、内部統制構築などの業務を精力的に手がけている。

OAG（太田アカウンティンググループ）

　OAG税理士法人・OAG監査法人をはじめとした8社のグループ企業から構成される。公認会計士、税理士をはじめとする会計、財務、税務の専門チームが、高い専門性をもって、顧客の企業価値向上に貢献するコンサルティングファーム。

◆監　修

鳥飼　重和（とりかい　しげかず）

弁護士　鳥飼総合法律事務所

太田　孝昭（おおた　たかあき）

税理士　OAG税理士法人

今井　基喜（いまい　もとき）

公認会計士　OAG監査法人

●執筆者紹介

◎ 法　務

木元 有香（きもと ゆか）弁護士・保育士

東京大学法学部第1類（私法コース）卒

東京大学大学院法学政治学研究科法曹養成専攻 修了

鳥飼総合法律事務所 所属

岩崎 文昭（いわさき ふみあき）弁護士・公認会計士

早稲田大学政治経済学部経済学科 卒

大宮法科大学院大学 修了

鳥飼総合法律事務所 所属

香西 駿一郎（かさい しゅんいちろう）弁護士

慶應義塾大学法学部法律学科 卒

東京大学大学院法学政治学研究科法曹養成専攻 修了

鳥飼総合法律事務所 所属

末長 祐（すえなが たすく）弁護士

早稲田大学法学部 卒

東京大学大学院法学政治学研究科法曹養成専攻 修了

鳥飼総合法律事務所 所属

高須 和之（たかす かずゆき）弁護士

中央大学法学部法律学科 卒

ケルビム法律事務所 代表

◎ 財　務

梅澤 崇仁 （うめざわ たかひと）公認会計士
慶應義塾大学経済学部 卒

OAG税理士法人 パブリックセクター事業部 部長

橋本 公成 （はしもと きみなり）公認会計士
神戸大学経済学部 卒

OAG監査法人 所属

田中 謙吾 （たなか けんご）公認会計士
神戸大学経営学部 卒

OAG監査法人 大阪事務所 所属

奈良 雅一 （なら まさかず）公認会計士
立教大学経済学部経営学科 卒

OAG監査法人 所属

中根 穣 （なかね みのる）税理士
成蹊大学経済学部 卒

OAG税理士法人 パブリックセクター事業部 シニアマネジャー

吉永 有里 （よしなが ゆり）
女子美術大学芸術学部絵画科 卒

OAG税理士法人 パブリックセクター事業部 所属

改正社会福祉法で
社会福祉法人の法務・財務はこう変わる！

2016 年 6 月 15 日　初版発行
2016 年 8 月 31 日　　第 2 刷発行

編　著　　鳥飼総合法律事務所／OAG 監査法人・税理士法人 ©

発行者　　小泉　定裕

発行所　　株式会社 清文社

東京都千代田区内神田 1 - 6 - 6 （MIF ビル）
〒101 - 0047　電話 03（6273）7946　FAX 03（3518）0299
大阪市北区天神橋 2 丁目北 2 - 6 （大和南森町ビル）
〒530 - 0041　電話 06（6135）4050　FAX 06（6135）4059
URL http://www.skattsei.co.jp/

印刷：倉敷印刷㈱

■著作権法により無断複写複製は禁止されています。落丁本・乱丁本はお取り替えします。
■本書の内容に関するお問い合わせは編集部まで FAX （03-3518-8864）でお願いします。

ISBN978-4-433-65106-0